Aprendiendo React

Guía para aprender ReactJS desde cero

Carlos Azaustre

Aprendiendo React

Guía para aprender ReactJS desde cero

Carlos Azaustre

ISBN 979-88-5273-742-7

Ilustración de portada: Fedde Carroza (@RuNNiNmeN)
Maquetación: Carlos Azaustre (@carlosazaustre) Revisión: Paola
García (@ggarciapaola) y Joan Leon (@nucliweb)

A mi hija, Aroa.
Para que sea lo que ella quiera ser.

Índice general

Sobre el autor

Carlos Azaustre[1] nació en Madrid, España, en 1984. Es Ingeniero en Telemática por la Universidad Carlos III de Madrid, con una década de experiencia alternando la Ingeniería de Software y como *Developer Relations* en empresas como *Google*, *IBM Research* y *Eventbrite*.

Actualmente, Carlos comparte su experiencia en el campo del desarrollo de software como Profesor Asociado en la Universidad Europea de Madrid, impartiendo clases en el Máster de Desarrollo Web. Siempre comprometido con la educación y la divulgación tecnológica, también dirige un popular canal de YouTube[2] donde ha cultivado una comunidad de más de 130,000 suscriptores. En su canal, aborda temas relacionados con la programación y el desarrollo web con JavaScript, proporcionando información valiosa y consejos prácticos a su audiencia.

Carlos es autor del libro *Aprendiendo JavaScript*[3], un recurso esencial para cualquiera que desee incursionar en la programación con este lenguaje. Con más de 2000 ejemplares vendidos en Amazon, este libro ha sido varias veces el más vendido en las categorias de desarrollo de software.

El trabajo de Carlos ha sido reconocido por empresas líderes en tecnología: Google lo ha designado como GDE (*Google Developer Expert*) en Tecnologías Web desde 2019 y Microsoft lo ha premiado

---

[1]https://twitter.com/carlosazaustre
[2]https://youtube.com/@carlosazaustre
[3]https://amzn.to/44I89xx

con el título de MVP (*Most Valuable Professional*) en Tecnologías de Desarrollo en 2022 y 2023.

Ahora, con el lanzamiento de su nuevo libro *Aprendiendo React*, Carlos busca compartir su conocimiento de esta popular biblioteca JavaScript con un público aún más amplio, ayudando a los desarrolladores a aprovechar al máximo las funcionalidades de React en sus propios proyectos.

Prefacio

En el mundo del desarrollo web de hoy, es importante mantenerse al tanto de las tendencias y tecnologías emergentes. Aquí es donde entra en juego React.js, una biblioteca JavaScript creada por Facebook, que ha capturado la atención de la comunidad de desarrolladores en todo el mundo. Su naturaleza flexible y robusta la hace preferible para el desarrollo de interfaces de usuario en aplicaciones web y de alto rendimiento.

A medida que avanza el tiempo, la popularidad de React ha crecido exponencialmente, y hasta 2023, React ha demostrado ser una herramienta invaluable en el conjunto de herramientas de cualquier desarrollador. Con su creciente ecosistema de soluciones y proyectos de terceros, React ha seguido siendo una opción relevante y potente para desarrolladores *frontend*.

Este libro está destinado a programadores que ya están familiarizados con JavaScript y están interesados en dar sus primeros pasos con React. El propósito es proporcionarte una guía sólida y detallada que te ayude a comprender y dominar los conceptos clave de React. No sólo aprenderás los fundamentos básicos, sino también las técnicas avanzadas y las mejores prácticas que te permitirán escribir aplicaciones de React eficientes y de alto rendimiento.

Empezaremos con una introducción a React, explorando su historia, sus fortalezas y por qué tiene la atención de la comunidad de desarrollo web. A continuación, nos sumergiremos en los fundamentos de React, incluyendo la configuración del entorno de desarrollo, la sintaxis JSX, y cómo crear y estructurar un proyecto. También aprenderás sobre los componentes, el manejo de eventos, y las complejidades del ciclo de vida de los componentes y cómo React las maneja.

A medida que avanzamos, exploraremos temas más complejos como la gestión del estado global utilizando la API Context y Redux, enrutamiento con React Router, y cómo aplicar estilos y diseño en tus proyectos de React. En las etapas posteriores del libro, cubriremos cómo consumir APIs y comunicarse con un servidor, cómo optimizar el rendimiento de tu aplicación de React, y cómo probar y mantener la calidad de tu código.

Por último, te guiaré a través de los pasos para desplegar tus aplicaciones de React en un entorno de producción, y te proporcionaré consejos sobre SEO y rendimiento para asegurar que tus aplicaciones no sólo funcionen bien, sino que también sean encontrables por los buscadores y accesibles.

Al final de este libro, no sólo tendrás un conocimiento sólido de React, sino que también habrás adquirido habilidades y conocimientos que te harán un mejor desarrollador.

Bienvenido a tu viaje para aprender y dominar React.js, Espero que este libro te ayude a alcanzar tus objetivos como desarrollador *frontend*.

¡A darle al código!

Carlos Azaustre

Capítulo 1: Introducción a React

Introducción

React es una biblioteca o librería que utiliza el lenguaje de programación JavaScript desarrollada por la empresa Meta (anteriormente Facebook) que ha revolucionado la forma en que se construyen las aplicaciones web.

Desde su lanzamiento en 2013, React ha ganado una inmensa popularidad debido a su enfoque innovador y eficiente para construir interfaces de usuario.

> A lo largo del libro nos referiremos a React como biblioteca o librería. Aunque técnicamente React es una biblioteca, a menudo se le llama *framework* debido a su popularidad y a la gran cantidad de herramientas que la rodean.

¿Qué es React?

Como se comenta en la introdución, React[4] es una biblioteca de JavaScript para construir interfaces de usuario. A diferencia de *frameworks* completos como por ejemplo Angular, React se centra en una sola cosa: la capa de vista. Esto significa que React se ocupa principalmente de lo que el usuario ve y cómo interactúa con su aplicación.

React introduce el concepto de componentes. Un componente en React es una pieza independiente de código que controla una parte de la interfaz de usuario. Estos componentes son reutilizables y pueden combinarse para formar aplicaciones completas.

---

[4]https://react.dev

Historia de React

React fue creado por Jordan Walke, un ingeniero de software de Facebook, en 2011. Walke se inspiró en XHP, una biblioteca de PHP para la creación de componentes de HTML, y quería llevar un enfoque similar a JavaScript. El resultado fue una biblioteca que permitía a los desarrolladores construir interfaces de usuario dinámicas y eficientes con JavaScript.

El primer producto de Facebook que utilizó React fue el *feed* de noticias, que se lanzó en 2011. El éxito de React en el "muro" llevó a Facebook a utilizarlo en más productos, incluyendo Instagram, que Facebook adquirió en 2012.

Facebook decidió liberar React como un proyecto de código abierto en mayo de 2013 durante la conferencia JSConf US[5]. La decisión de hacer de React un proyecto *open source* fue motivada por varias razones. Primero, Facebook quería compartir su enfoque innovador para la construcción de interfaces de usuario con la comunidad de desarrolladores. Segundo, Facebook esperaba que al hacer de React un proyecto de código abierto, otros desarrolladores contribuirían a su desarrollo y ayudarían a mejorar la biblioteca.

A pesar de su popularidad, React no estuvo exento de controversia. En 2017, Facebook se encontró en medio de un problema sobre la licencia de React. La licencia original de React, conocida como *BSD + Patent*[6], fue criticada porque daba a Facebook el derecho de revocar la licencia si una empresa demandaba a Facebook por infracción de patentes.

Esta cláusula provocó preocupación en la comunidad de desarrollo, y algunas empresas, incluyendo WordPress, decidieron alejarse de

---

[5]https://2013.jsconf.eu/speakers/pete-hunt-react-rethinking-best-practices.html
[6]https://opensource.org/license/bsdpluspatent/

React debido a estas preocupaciones. En respuesta a la reacción de la comunidad, Facebook decidió cambiar la licencia de React a la licencia MIT[7] en septiembre de 2017. La licencia MIT es una licencia de código abierto muy popular que no tiene la cláusula de patentes que originó todo el debate.

Hoy en día, React es una de las bibliotecas de JavaScript más populares para la construcción de UI (*User Interface*). Es utilizado por muchas empresas grandes y pequeñas (Netflix, Airbnb, Uber, The New York Times y la propia Meta) y tiene una comunidad de desarrollo muy activa. React ha seguido evolucionado desde su lanzamiento en 2013, con nuevas características y mejoras introducidas de forma regular.

La historia de React es un testimonio del poder de la innovación y la colaboración en la comunidad de desarrollo de software. A través de su enfoque en la eficiencia, la reutilización de componentes y la facilidad de uso, React ha cambiado la forma en que construimos y pensamos sobre las interfaces de usuario.

---

[7] https://opensource.org/license/mit/

¿Por qué usar React?

React tiene varias ventajas que lo hacen atractivo para los desarrolladores. Estas son algunas razones:

- **Componentes reutilizables**: Como ya he mencionado, React se basa en componentes. Estos componentes son reutilizables, lo que significa que puedes escribir un componente una vez y luego usarlo en diferentes partes de tu aplicación. Esto no sólo ahorra tiempo, sino que también ayuda a mantener tu código limpio y organizado.
- **Virtual DOM**: React introduce el concepto de *Virtual DOM*, una representación ligera del DOM (*Document Object Model*) real. Cuando el estado de un componente cambia, React primero actualiza el *Virtual DOM* y luego compara la versión actualizada con la versión anterior. Luego, solo actualiza las partes del DOM real que necesitan cambiar. Este proceso se conoce como "reconciliación" y es lo que hace que React sea tan rápido.
- **Unidireccionalidad de los datos**: React sigue un flujo de datos unidireccional. Esto significa que los datos en una aplicación React fluyen desde los componentes padres a los componentes hijos. Esto hace que el seguimiento de los cambios en el estado de la aplicación sea más fácil y ayuda a mantener el código más predecible y fácil de entender.
- **Ecosistema y comunidad**: React tiene un ecosistema robusto y una comunidad activa. Hay una gran cantidad de bibliotecas de terceros disponibles que puedes usar para agregar funcionalidad a tus aplicaciones React. Además, si te encuentras con un problema, es probable que alguien más ya haya encontrado una solución.

Conclusión

React es una gran herramienta para construir interfaces de usuario. Su enfoque en los componentes reutilizables, el Virtual DOM y el flujo de datos unidireccional lo hacen muy atractivo para nosotros como desarrolladores.

En los próximos capítulos, profundizaremos en estos conceptos y aprenderemos cómo puedes comenzar a construir tus propias aplicaciones con React.

Referencias

- Azaustre, C. (2021) *Aprendiendo JavaScript*. Independently Published.
- Banks, A., y Porcello, E. (2020). *Learning React: Modern Patterns for Developing React Apps*. O'Reilly Media.
- Axel, R. (2018). *JavaScript: The Definitive Guide*. O'Reilly Media.
- Facebook Inc. (2013). *React - A JavaScript library for building user interfaces*. GitHub. https://github.com/facebook/react
- Walke, J. (29 de mayo de 2013). *React: Rethinking best practices*. JSConf. https://2013.jsconf.eu/speakers/ pete-hunt-react-rethinking-best-practices.html
- Mardan, A. (2019). *React.js For Beginners*. RWieruch. https://www.robinwieruch.de/react-hooks
- Mozilla Developer Network. (2023). *JavaScript Guide*. MDN Web Docs. https://developer.mozilla.org/en-US/docs/Web/JavaScript/Guide

Capítulo 2: Fundamentos de React

Configuración del entorno de desarrollo

Este libro, aunque expliquemos la teoría, es bastante práctico, por tanto tener preparado el entorno de trabajo necesario es esencial.

Antes de comenzar a desarrollar aplicaciones con React, necesitaremos configurar nuestro entorno de desarrollo. Esto implica instalar algunas herramientas y configurar algunas configuraciones en nuestro sistema. Aunque puede parecer un proceso complicado al principio, una vez que lo hayas hecho una vez, te resultará más fácil en el futuro.

Conocimientos Previos

Aunque este libro no pretende que sepas y conozcas React, ya que el propósito del mismo es que lo aprendas, si que se necesita tener unos conocimientos básicos previos.

React es una herramienta potente y flexible, pero también puede ser compleja si no se tiene una base sólida en ciertos conceptos y tecnologías.

- **JavaScript**: React utiliza JavaScript, por lo que un conocimiento sólido de JS es esencial. Deberías estar cómodo con los conceptos de JavaScript moderno, como las funciones flecha (*Arrow functions*), las promesas, la desestructuración de objetos y *arrays*, y las clases. También es útil entender cómo funciona el modelo de eventos de JavaScript, ya que React hace un uso intensivo de los mismos.
- **HTML y CSS**: React se utiliza para construir interfaces de usuario, por lo que un buen entendimiento de HTML y CSS es

crucial. Deberías estar familiarizado con la estructura básica de un documento HTML, cómo se utilizan las etiquetas para definir la estructura y el contenido de una página, y cómo se utiliza CSS para dar estilos a ese contenido.

- **Node.js y npm**: React se desarrolla y se gestiona a través de *Node.js* y NPM (*Node Package Manager*). Necesitarás un entendimiento básico de cómo instalar y usar paquetes *npm*, y cómo se utilizan las herramientas de línea de comandos de Node.js. Aunque Node.js se emplea en sistemas *Backend* y creación de *APIs REST*, no necesitas tener ese conocimiento, ya que Node abarca mucho más y se emplea también como herramienta de desarrollo como veremos a lo largo del libro.
- **ES6**: React hace un uso intensivo de las características de ES6 (la sexta versión de ECMAScript, la especificación que define JavaScript). Deberías familiarizarte con las características que hemos comentado anteriormente.

Si te sientes a gusto con estos conceptos, estarás en una buena posición para empezar a trabajar con React. Si no es así, te aconsejo dedicar un tiempo para familiarizarse con ellos antes de seguir adelante. Existen numerosos recursos disponibles en línea para aprender estos conceptos, y una inversión de tiempo en esta etapa puede resultar en un ahorro significativo de tiempo y frustración en el futuro.

Requerimientos

- Node.js (v18.17.1 o v20.6.1 que es la más reciente a la fecha de publicación de este libro)
- NPM (ya viene con Node.js)
- Vite (Herramienta de *Scaffolding* o generador de archivos, directorios y condfiguraciones básicas)

- Un navegador, con sus *Developer Tools*. Chrome, Firefox, … el que prefieras
- La extensión de *React Developer Tools*
- El editor de texto o el IDE (*Integrated Developer Enviroment*: Entorno de Desarrollo Integrado) que prefieras. Yo utilizo VSCode, pero sirve cualquier otro (IDX, Atom, Fleet, SublimeText, WebStorm, etc…).

Instalación de Node.js y npm

React es una biblioteca de JavaScript, por lo que necesitaremos un entorno de JavaScript para desarrollar nuestras aplicaciones. Node.js es un entorno de ejecución de JavaScript que nos permite ejecutar JavaScript en nuestro sistema. NPM (*Node Package Manager*) es un gestor de paquetes que viene con Node.js y nos permite instalar y administrar bibliotecas de JavaScript.

Node.js lo puedes instalar desde su página web. Dirígete a la web `https://nodejs.org` y descarga la versión LTS (*Long-Term Support*: Versión de Soportada a largo plazo) o la más actual. El instalador también instalará npm.

Página de descarga de Node.js

Instalación de Vite

La herramienta que utilizaremos para hacer el *setup* del proyecto será Vite[8].

Vite es una herramienta que te permite crear un proyecto de JavaScript (*Vanilla*, con TypeScript, Vue, Svelte, React...), generar los archivos y carpetas necesarias, así como un servidor web de desarrollo para probarlo en local.

---

[8]https://vitejs.dev/

Página oficial del proyecto Vite

En los siguientes capitulos veremos como instalarlo y ejecutarlo.

React Developer Tools

Este *plugin* o extensión de navegador lo puedes enontrar aqui: https://github.com/facebook/react-devtools/tree/v3[9]

---

[9]https://github.com/facebook/react-devtools/tree/v3

o en los diferentes marketplaces de los navegadores.

Extensión React Developer Tools en la Chrome Store

Esta herramienta nos será muy util para depurar nuestras aplicaciones web. Podremos inspeccionar el arbol de componentes de React, visualizar el estado y las props de los componentes, etc.

En próximos apartados veremos como generar un proyecto de React, su estructura y primera aplicación. Pero antes, veamos una característica principal de la librería: JSX.

JSX: Sintaxis de JavaScript y XML

¿Qué es JSX?

Esta sintaxis especial que utiliza React, sirve para entre otras cosas, ahorrarnos tiempo y sobretodo proporcionarnos una mejor experiencia de desarrollo.

Aquí tienes un ejemplo de cómo se ve el código JSX:

```
1  const element = <h1>Hola, mundo</h1>;
```

A primera vista, la impresión es que estamos escribiendo codigo HTML y lo estamos mezclando dentro del código JavaScript, algo que es una muy mala práctica y que no se debería hacer.

Pero esto no es así. Esta sintaxis parecida a HTML es en realidad codigo JavaScript, bueno, realmente código JSX que se traduce en JavaScript. También tiene algunas diferencias clave que debes tener en cuenta. Por ejemplo, debido a que `class` es una palabra reservada en JavaScript, debes usar `className` en su lugar para asignar una clase CSS a un elemento.

¿Por qué usar JSX?

JSX tiene varias ventajas que lo hacen útil para desarrollar interfaces de usuario con React:

- **Legibilidad**: El código JSX se parece mucho al HTML, lo que hace que sea fácil de leer y entender. Esto es especialmente útil cuando estás desarrollando interfaces de usuario complejas con muchos elementos y componentes.

- **Potencia de JavaScript**: Aunque el código JSX se parece a HTML, tiene todo el poder de JavaScript detrás de él. Puedes insertar cualquier expresión JavaScript válida dentro de llaves { } en tu código JSX.
- **Optimización de rendimiento**: Herramientas como Babel transforman el código JSX en llamadas a `React.createElement`, que es una forma eficiente de crear elementos de React.

Uso de JSX en React

¿Por qué hacemos esto? Basicamente, React, a diferencia de otras bibliotecas como Vue o *frameworks* como Angular, utiliza JavaScript para todo. Para renderizar el codigo HTML, para manejar la lógica e incluso tambien para manejar estilos. Por tanto, cuando estamos componiendo la plantilla HTML que tendrá un componente, en lugar de usar *templating* como en los otros recursos que hemos mencionado, utilizamos JavaScript.

Esto complicaría mucho la escritura y sobre todo la lectura del código implementado. La forma más fácil de entender esto es usando el transpilador *online* de Babel[10].

Babel es una biblioteca de JavaScript que nos permite usar las últimas novedades que incorporan las versiones más recientes de JavaScript antes de que estas sean implementadas en el navegador. Entre ellas la sintaxis JSX que transpila el código a una version que actualmente entiendan los navegadores.

Esta biblioteca no hay que instalarla manualmente, ya que diversas herramientas como *Vite*, `create-react-app` o `create-next-app` ya las incorporan y es una cosa menos a la hora de empezar a trabajar con React.

---

[10]https://babeljs.io/

Este proyecto tiene una herramienta *online* que nos permite ver como se traduce o transpila el código y comprobar su versión en el navegador.

Dirígete a la siguiente pagina web: https://babeljs.io/repl y asegúrate que está marcada la opción del *preset* "react".

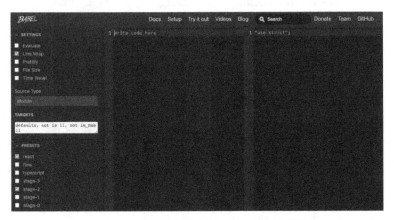

Herramienta web Babel para transpilación a JavaScript

Ahora vamos a probar a escribir código JSX, por ejemplo el siguiente:

```
1  <div>
2      <h1>Hola mundo</h1>
3  </div>
```

Este es el resultado que nos arroja el intérprete:

```
1   "use strict";
2
3   React.createElement("div", null,
4       React.createElement("h1", null, "Hola mundo")
5   );
```

Vamos a explicarlo. La herramienta ha traducido o transpilado el código JSX a código JavaScript. Cada elemento "HTML" se ha sustituido por la función React.createElement propia de la biblioteca React.

Esta función, como su propio nombre indica, crea un elemento de HTML. Recibe 3 parámetros:

- El elemento a crear.
- Un objeto con propiedades (clases, atributos o props).
- Y una lista de elementos hijos.

Parece fácil y que no hay necesidad de usar JSX, podemos escribir el código en JavaScript puro. Bueno, vamos a complicar un poco más el código HTML y ver su representación en JavaScript:

```
1   <div class="header">
2       <h1 class="header__title">Hola mundo</h1>
3       <button onclick="open" class="header__button">Menu</button>
4       <a href="/about" class="header__link">Sobre mi</a>
5   </div>
```

Este es el código que tendríamos que escribir si lo hicieramos en JavaScript plano:

```
1    "use strict";
2
3    React.createElement("div", {
4            class: "header"
5        },
6        React.createElement("h1", {
7                class: "header__title"
8            },
9            "Hola mundo"
10        ),
11        React.createElement("button", {
12                onclick: "open",
13                class: "header__button"
14            },
15        "Menu"
16        ),
17        React.createElement("a", {
18                href: "/about",
19                class: "header__link"
20            },
21        "Sobre mi"
22        )
23    );
```

¿Cómo lo ves? Se podría hacer, pero ¿Te resulta práctico? ¿Es legible? Personalmente prefiero JSX para codificar el *templating* de mis componentes, sino es muy difícil de mantener y añadir o cambiar elementos con el paso del tiempo.

Es comprensible que si llevas tiempo en el mundo del desarrollo web, te "eche un poco para atrás" el tener que escribir algo que parece HTML en código JavaScript. No te preocupes, yo pensaba lo mismo y fue una de las causas por las que en un inicio rechazaba a React.

Pero una vez se ve el punto, que realmente es JavaScript y que es para facilitarnos la vida como desarrolladores, me cambió el *chip*.

Por supuesto, no todo el código que vas a emplear en React es JSX. En React lo que más vas a usar es JavaScript y *Vanilla*. React solo aporta ciertos métodos y estructura, pero prácticamente todo el código que escribirás es JS. JSX solo se utiliza para el maquetado o plantilla que tendrán tus componentes. Pero no te preocupes que vamos a ir viendo todo esto.

Creación de un proyecto de React

Setup del proyecto con Vite

Ya hemos visto JSX que es una de las tecnologías o características que distinguen a React y ahora podemos ponernos manos a la obra a crear lo que sería nuestra primera aplicación web con esta biblioteca.

No vamos a hacer nada del otro mundo, simplemente algo muy sencillo pero a la vez necesario para entender el flujo de la programación, las herramientas y diversas cosas a tener en cuenta que la primera vez pueden ser un poco liosas, pero luego ya se hacen de forma sistématica y dejamos de tenerlas en cuenta.

Hay diversas formas de crear una aplicación con React desde cero. Ninguna es mejor ni peor, únicamente cambia la forma de configurar todo antes de empezar.

Podemos hacerlo de forma "manual", para ello necesitariamos instalar y configurar Webpack u otra herramienta de empaquetado y transpilación de código JSX y JavaScript moderno a código comprensible por el navegador, además de varios plugins para que esto funcione correctamente y por supuesto, las bibliotecas o paquetes `react` y `react-dom` necesarias para poder utilizar sus funciones.

Puede ser interesante de hacer esto si quieres comprender "la magia" detrás de las herramientas actuales, pero hoy en día, en mi opinión, si es tu primera vez en este ecosistema de desarrollo web con React, son más trabas y frustaciones a llevarse, que arrancar con algo más configurado por defecto y que te permite centrarte en aprender la librería y forma de trabajar con ella.

Por ello existen 3 alternativas. El propio equipo de React creó `create-react-app` una herramienta de *scaffolding* que te instala todo lo necesario y genera la estructura de archivos y carpetas de un "Hola Mundo" con React que ya se encuentra deprecada.

Otra muy extendida es `create-next-app` creada por el equipo detrás de Next.js, un *framework* basado en React pero que se escapa del ámbito de este libro.

Y por último tenemos a Vite, una herramienta muy veloz que hace lo mismo que `create-react-app` pero utilizando `ESBuild` en lugar de Webpack para el empaquetado, reduciendo asi los tiempos de transpilación, y también es *multi-librería*. No solo sirve para React, sino también para Vue, Svelte, Lit incluso *Vanilla* JavaScript, y sus versiones con TypeScript.

En este momento es la herramienta más popular y que mejores valoraciones tiene según la última encuesta sobre el "Estado de JavaScript"[11] y va a ser la que utilicemos en este libro. De esta manera pondremos todas nuestras energías en React dejando de un lado configuraciones tediosas.

---

[11]https://2022.stateofjs.com/en-US/libraries/build-tools/

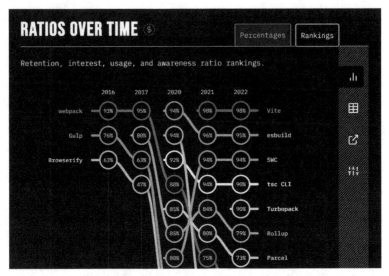

Encuesta del Estado de JavaScript 2022

Para poder usar Vite, necesitamos tener Node.js instalado como dijimos en el capítulo donde comentamos el entorno de desarrollo. Si ya lo tienes, simplemente has de ejecutar el siguiente comando en la terminal:

```
$ npm create vite@latest my-app
```

Seleccionamos la opción de React:

```
1   ? Select a framework: › - Use arrow-keys. Return to submit.
2       vanilla
3       vue
4    ❑  react
5       preact
6       lit
7       svelte
```

Elegimos la variante sin TypeScript

```
1   ? Select a variant: › - Use arrow-keys. Return to submit.
2    ❑  react
3       react-ts
```

Y ya solo tenemos que ir al directorio que se acaba de crear y ejecutar los comandos que nos indica para que se instalen las dependencias y se ejecute el código en un servidor de desarrollo local:

```
1    ❑ Select a framework: › react
2    ❑ Select a variant: › react
3
4   Scaffolding project in /Users/carlosazaustre/Books/react-practico\
5   /code/my-app...
6
7   Done. Now run:
8
9     cd my-app
10    npm install
11    npm run dev
```

Al ejecutar el comando de desarrollo, si vamos a nuestro navegador a la URL http://localhost:5173 (o el puerto en el que esté corriendo) veremos lo siguiente:

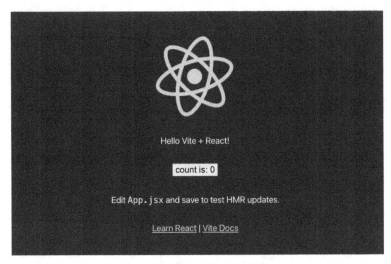

Hola Mundo con React y Vite

¡Nuestro primer "Hola Mundo" con React! Con un logo en SVG rotando, un poco de texto y un botón con un contador para probar estados y eventos.

Estructura de archivos y carpetas

Pasemos a ver que código nos generó. Esta es la estructura de archivos y carpetas del proyecto:

```
 1   - node_modules
 2   - src
 3     - App.css
 4     - App.jsx
 5     - favicon.svg
 6     - index.css
 7     - logo.svg
 8     - main.jsx
 9   - eslintrc.cjs
10   - .gitignore
11   - index.html
12   - package-lock.json
13   - package.json
14   - vite.config.js
```

Parecen muchos archivos pero en realidad no son tantos. Te paso a comentar cada uno de ellos:

node_modules

Este directorio alberga todos los paquetes que están instalados, como react y react-dom y a su vez todos los que dependan de ellos. Es una carpeta que debemos tener apuntada en nuestro fichero .gitignore para evitar que se suba a nuestro repositorio. ¿Por qué? pues, entre otras cosas, porque ocupan mucho espacio y gracias al fichero package.json siempre tendremos el registro de cuáles y que versiones son. Además NPM tiene en cuenta el sistema operativo en el proceso de instalación, por lo que si usas Windows y yo MacOS, el contenido de la carpeta node_modules que yo tenga es muy probable que no te funcione.

package.json

Este fichero es el manifiesto de nuestra aplicación. Contiene algo de *metadata*, las dependencias que usamos en el proyecto, así como las

dependencias de desarrollo. También tiene los alias para ejecutar
ciertos scripts:

```
1  {
2    "name": "my-app",
3    "private": true,
4    "version": "0.0.0",
5    "type": "module",
6    "scripts": {
7      "dev": "vite",
8      "build": "vite build",
9      "lint": "eslint src --ext js,jsx --report-unused-disable-dire\
10 ctives --max-warnings 0",
11     "preview": "vite preview"
12   },
13   "dependencies": {
14     "react": "^18.2.0",
15     "react-dom": "^18.2.0"
16   },
17   "devDependencies": {
18     "@types/react": "^18.0.37",
19     "@types/react-dom": "^18.0.11",
20     "@vitejs/plugin-react": "^4.0.0",
21     "eslint": "^8.38.0",
22     "eslint-plugin-react": "^7.32.2",
23     "eslint-plugin-react-hooks": "^4.6.0",
24     "eslint-plugin-react-refresh": "^0.3.4",
25     "vite": "^4.3.9"
26   }
27 }
```

El script dev ejecuta un servidor local de desarrollo para probar
nuestra aplicación en el navegador e incorpora *hot reloading*. Esto
quiere decir que a cada cambio que hagamos en nuestro código,
se verá reflejado en el navegador inmediatamente sin necesidad de
tener que recargarlo manualmente.

El script `build` prepara nuestro código para ser desplegado en un entorno de producción.

`preview` ejecuta un servidor local pero el código que emplea para ello es el código ya listo para producción.

Y por último `lint` ejecuta el *linter* para verificar que nuestro código sigue las normas de estilo especificadas en el fichero `eslintrc.cjs`.

vite.config.js

Este fichero contiene la configuración de Vite y de las herramientas de desarrollo. Es muy sencillo y prácticamente no hay que tocar nada a no ser que quieras algo más especifico. Con su *Zero-Config*, Vite ya está listo para ser usado. Y como en el menú de la terminal, cuando estabamos creando el proyecto, elegimos la opción de react, esta ya incorpora los *plugins* necesarios para entender JSX y JavaScript moderno.

```
1  import { defineConfig } from 'vite'
2  import react from '@vitejs/plugin-react'
3
4  // https://vitejs.dev/config/
5  export default defineConfig({
6    plugins: [react()],
7  })
```

index.html

El fichero `index.html` es el único documento HTML que tendremos como código fuente. Si lo abres verás que es sumamente sencillo

```
1   <!DOCTYPE html>
2   <html lang="en">
3     <head>
4       <meta charset="UTF-8" />
5       <link rel="icon" type="image/svg+xml" href="/vite.svg" />
6       <meta name="viewport" content="width=device-width, initial-sc\
7   ale=1.0" />
8       <title>Vite + React</title>
9     </head>
10    <body>
11      <div id="root"></div>
12      <script type="module" src="/src/main.jsx"></script>
13    </body>
14  </html>
```

Tiene algunas etiquetas de *metadatos* en el elemento head y en el body solo hay un div con el id root que será donde se incruste o renderice toda nuestra aplicación gracias a React.

Para que funcione, necesitamos incorporar el fichero de entrada de la aplicación en JavaScript, que es el main.jsx que se encuentra en la carpeta src. Los añadimos como script al HTML y le indicamos que será de tipo módulo para poder utilizar los ESModules e imports que JavaScript introdujo en su versión ES6.

src

Esta es la carpeta que alberga todo el código fuente de nuestra aplicación. Verás que hay varios archivos pero los que nos interesan son el main.jsx y el App.jsx. El resto son ficheros de estilos css y algunas imágenes.

main.jsx

El fichero principal de la aplicación. Si te das cuenta, tiene extensión JSX. Puedes usar la extensión .js, va a funcionar igual, aunque por convención, si el fichero es un componente de React y/o utiliza código JSX lo ideal es que lo nombremos como tal.

Además si utilizas un `theme` en tu editor para mostrar iconos diferentes según el tipo de archivo, los ficheros `.jsx` los muestra con el icono de React.

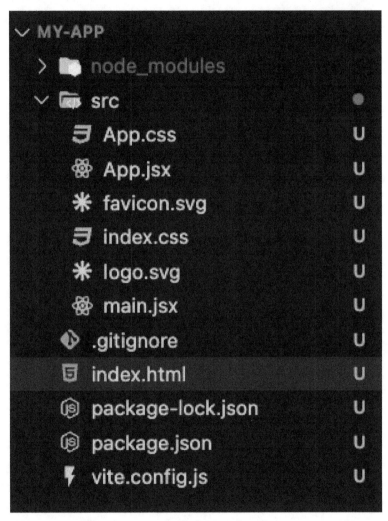

Estructura de archivos y carpetas en VSCode utilizando la extensión File-Icons

Este es su contenido y ahora lo explicamos:

```
1  import React from 'react'
2  import ReactDOM from 'react-dom/client'
3  import App from './App.jsx'
4  import './index.css'
5
6  ReactDOM.createRoot(document.getElementById('root')).render(
7    <React.StrictMode>
8      <App />
9    </React.StrictMode>,
10 )
```

Las primeras líneas son la importación de diferentes módulos y archivos para ser utilizados. Las dos primeras son las importaciones de react y react-dom. La primera nos permite usar las funciones de la biblioteca como el React.StrictMode que es una etiqueta que permite que nuestra aplicación sea más segura. Esto quiere decir que si algo falla en la aplicación, no se ejecutará nada más que el código que esté dentro de la etiqueta.

Y la segunda, nos permite usar el método ReactDOM.createRoot para renderizar y construir el componente App que contiene toda la lógica de nuestra aplicación.

Este método acepta un parámetro, que será el elemento donde se renderizará. En este caso el resultado de document.getElementById('root') es el elemento donde se renderizará nuestra aplicación. Después usamos el método render que se le pasa el componente o conjunto de componentes a renderizar en formato JSX. En este caso <App /> como children del componente <StrictMode>.

Las últimas importaciones son el fichero index.css que contiene el código de estilos CSS que se aplicará a toda la aplicación. Y aunque no lo usemos directamente en este archivo, Vite lo que hace después es añadirlo como *link* de estilo al head del HTML.

Y por último el componente `<App />` que es el componente principal de la aplicación y lo importamos como módulo.

App.jsx

Nuestro componente principal. Normalmente serán varios componentes los que formen nuestra aplicación. En este caso solo tenemos
uno, pero podríamos tener varios.

Veamos lo que contiene este fichero y expliquemos cómo funciona:

```
1   import { useState } from 'react'
2
3   function App() {
4     const [count, setCount] = useState(0)
5
6     return (
7       <div className="App">
8         {/* ... */}
9             <button type="button" onClick={() => setCount((count) =\
10  > count + 1)}>
11              count is {count}
12            </button>
13          {/* ... */}
14      </div>
15    )
16  }
17
18  export default App
```

En la primera linea, importamos la función useState de React. Esta
función nos permite crear un estado en nuestra aplicación. En este
caso, el estado es un number y el valor inicial es 0.
Usamos la destructuracón de objetos de JavaScript para no tener

que utizar `React.useState` cada vez que se necesite, sino simplemente `useState`.

Lo siguiente es la creación de la función `App`. Esta es un componente en React.

Todos los componentes en React son funciones, con cierta lógica si la tuvieran y devuelven una plantilla escrita en JSX que contiene elementos "que parecen HTML" y también otros componentes de React.

En versiones anteriores de React, los componentes podían ser de tipo `class` o `function`. La principal razón era, que si el componente tenía que manejar estado, era necesario que fuera de tipo clase, tuviera un constructor, metodos de ciclo de vida y un método `render`. Los componentes de tipo función se dejaban para componentes más representacionales, es decir, que únicamente recibieran *props* y devolvieran una plantilla con esos datos.

Con la llegada de los *Hooks*, este paradigma cambió, ya que nos permitió poder usar el estado y los métodos de ciclo de vida de los componentes en funciones, sin necesidad de usar clases. Esto supuso un gran avance y una mayor adopción de React como biblioteca para proyectos *frontend*. Las clases hacían la aplicación más pesada y no toda la gente entendía bien su funcionamiento y sintaxis. Actualmente, con los *Hooks*, se elimina esa duda de cuándo usar funciones o cuándo usar clases. Las aplicaciones han reducido su peso y mejorado la *performance* al no usar clases.

Dentro de la función, lo último que se hace es devolver la plantilla, simplemente con un `return` y el código JSX que represente el componente. Aqui recuerda siempre enviar al menos un elemento como padre que englobe al resto de elementos, por lo que vimos en el capítulo de JSX.

Para mejor lectura del código, lo conveniente es engloblar todo el

código JSX entre paréntesis (...), a no ser que sea únicamente
una línea y en ese caso se podría devolver directamente. Pero por
buenas prácticas y prevención de errores a futuro, lo mejor es que
lo añadas siempre.

Como hemos dicho, lo último que se hace es devolver el *template*,
pero lo primero sería hacer la configuración de los estados que
pudiera tener nuestro componente así como otros *hooks* que em-
pleemos. En este caso, vamos a usar un estado para contabilizar
un contador, y que cada vez que se haga click en un botón, ese se
incremente en uno.

Para ello, todo *hook* useState devuelve un *array* con dos elementos. El primero de ellos es el propio estado, donde está almacenado el
valor. Y el segundo es la función que nos permite cambiar ese valor.
No podemos modificar directamente el valor, debemos hacerlo a
través de la función que nos provee para ello. Esto es así, porque el
estado es inmutable. Por el funcionamiento interno de React, debe
ser así para que los cambios hagan que se ponga en marcha todo el
mecanismo para renderizar de nuevo el componente.

Esta es una de las bases fundamentales de React. Es una biblioteca
reactiva y eso significa que a cada cambio que hagamos en la
información y estado del componente, React se encargará de volver
a renderizar o "repintar" la plantilla con esos nuevos datos y así se
verá reflejado en el DOM.

Estos dos elementos que nos devuelve en array el *hook* de useState
puedes llamarlos como quieras. Por buenas prácticas, llama siempre
a la función que permite cambiarlo como set seguido del nombre
que le hayas puesto al estado. Por ejemplo aquí estamos llamando
al estado: count, por lo que su función de cambio debe llamarse
setCount. También cuando se instancia el *hook*, podemos pasarle
un valor inicial. En este caso puedes ver que le hemos dado el valor
de 0 con useState(0).

¿Y cómo cambiamos este estado? ¿Dónde podemos llamar a la función setCount? En este caso, en el botón que hemos creado, le hemos añadido un evento de escucha onClick. Cuando se haga clic en el botón, se ejecutará la función que le pasemos.

```
1   () => setCount((count) => count + 1)
```

Utilizamos la sintaxis de funciones flecha para que sea más sencillo de incorporar y como puedes ver, no podemos pasarle directamente la función setCount al evento onClick Tenemos que usar una función de *callback*, sino no lo podrá ejecutar. Esto es un error bastante común, el poner directamente la función y que el componente no haga nada y no encontrar el error.

Para eso, siempre es recomendable, sacar esta función fuera del código JSX y tratarla como un manejador. Te muestro el código:

```
1   const handleClick = () => setCount((count) => count + 1)
2
3   return (
4     {/* ... */}
5       <button type="button" onClick={handleClick}>
6         count is: {count}
7       </button>
8     {/* ... */}
9     )
```

Y esto sería basicamente lo que haría nuestra aplicación "Hola Mundo con React". Puedes ejecutarla de nuevo con el comando npm run dev y probarla en el navegador. Cuando hagas clic en el botón y veas que el valor cambia, comprenderás cómo está funcionando el código que hemos visto.

Componentes: Clases vs Funciones

En React podemos crear componentes de 2 maneras principalmente. Con Clases de JavaScript, que puedes encontrar su nombre de varias formas: *Smart Components, Container Components, Statefull Components*, Componentes de clases, etc...

Y los componentes de tipo función, cuyos sinónimos serían: *Stateless Components, Representational Components, Dumb Components*, etc...

Desde la llegada de los Hooks en la versión 16.8 de React, todo esto se unificó y particularidades de los componentes de clase como el estado ya pueden usarse en los de tipo función.

Pero no te preocupes por esto ahora mismo, lo explicaremos más adelante. En esta sección, exploraremos las diferencias entre los componentes de clase y los componentes funcionales, y discutiremos cuándo podrías querer usar uno sobre el otro.

Componentes de Clase

Los componentes de clase son definidos utilizando la sintaxis de clase de ES6. Un componente de clase debe incluir al menos un método, llamado `render()`, que devuelve JSX. Aquí tienes un ejemplo de un componente de clase:

```
1    import React from 'react';
2
3    class Saludo extends React.Component {
4      constructor(props) {
5        this.props = props;
6      }
7
8      render() {
9        return <h1>Hola, {this.props.nombre}</h1>;
10     }
11   }
12
13   export default Saludo;
```

En este ejemplo, Saludo es un componente de clase que acepta una prop nombre y devuelve un elemento h1 que contiene un saludo personalizado.

```
1    <Saludo nombre="Carlos" />
2    //<h1>Hola, Carlos</h1>
```

Los componentes de clase tienen algunas características que no están disponibles en los componentes funcionales, como los métodos del ciclo de vida y el estado local. Sin embargo, con la introducción de los *Hooks* en la versión de React número 16.8, ahora puedes usar el estado y otros aspectos de React sin escribir una clase.

Componentes funcionales

Los componentes funcionales son simplemente funciones de JavaScript que aceptan props como argumento y devuelven JSX. Aquí tienes un ejemplo de un componente funcional:

```
1  import React from 'react';
2
3  function Saludo(props) {
4    return <h1>Hola, {props.nombre}</h1>;
5  }
6
7  export default Saludo;
```

En este ejemplo, Saludo es un componente funcional que hace exactamente lo mismo que el componente de clase Saludo que definimos anteriormente. Para usar el componente, sería igual a como vimos más atrás.

Los componentes funcionales son más simples y fáciles de entender que los componentes de clase. No necesitas entender la sintaxis de clase de JavaScript o cómo funciona this en JavaScript para usar componentes funcionales. Además, los componentes funcionales te permiten usar *Hooks*, haciendo más sencillo y potente la forma de reutilizar la lógica del estado entre los componentes.

Clases o Funciones ¿Cuál deberías usar?

En versiones anteriores de React, los componentes de clase eran la única forma de tener estado local y métodos del ciclo de vida. Sin embargo, como hemos citado, con la introducción de los *Hooks* en React 16.8, ahora puedes usar el estado y otros aspectos de React en los componentes funcionales.

Por lo tanto, a menos que estés trabajando en un código base antiguo que aún use componentes de clase, es probable que quieras usar componentes funcionales en la mayoría de los casos. Los componentes funcionales son más fáciles de leer y entender, y los *Hooks* te permiten reutilizar la lógica del estado de una manera más eficiente que los métodos del ciclo de vida en los componentes de clase.

Ten en cuenta que en una aplicación pueden convivir componentes desarrollados como clases o como funciones. Esto es habitual en proyectos grandes donde hay código con versiones de React anteriores a la 16.8

Por eso mi recomendación y como buena práctica actual, es que uses siempre componentes funcionales. También el tamaño final de tu aplicación lo agradecerá ya que las clases son más pesadas.

En *frameworks* como Next, hay todavía componentes especiales del propio *framework* que están definidos como clase. Pero salvo esas excepciones, lo ideal son las funciones.

Props y Estado en los componentes

En este apartado, vamos a explorar dos conceptos fundamentales en React: las propiedades (*props*) y el estado (*state*). Estos son los dos tipos principales de datos que los componentes de React manejan y manipulan. Comprender cómo funcionan y cómo se utilizan es clave para desarrollar aplicaciones con React.

Propiedades (Props)

Las propiedades, o *props*, son una forma de pasar datos de los componentes padres a los componentes hijos.

En otras palabras, las *props* son como los argumentos de una función en JavaScript. Son inmutables, lo que significa que un componente no puede cambiar sus *props*.

Veamos un ejemplo de cómo se utilizan las *props* en componentes de tipo función:

```
function Saludo(props) {
  return <h1>Hola, {props.nombre}</h1>;
}

function App() {
  return <Saludo nombre="Mundo" />;
}
```

En este ejemplo, el componente Saludo recibe una prop llamada nombre.

Cuando se utiliza el componente Saludo en el componente App, le pasamos la prop nombre con el valor "Mundo". El resultado es que la aplicación muestra "Hola, Mundo" en el navegador.

Ahora que has visto un ejemplo sencillo, vamos a explicar más en detalle como funciona esta característica de React.

Pasando Props

Las *props* se pasan a los componentes de la misma manera que se pasan los atributos a los elementos HTML. Por ejemplo, si tienes un componente Usuario que acepta una *prop* nombre, puedes pasarle esa *prop* de la siguiente manera:

```
1   <Usuario nombre="Carlos" />
```

En este caso, "Carlos" es el valor de la *prop* nombre que se pasa al componente Usuario.

Accediendo a Props

Dentro del componente, puedes acceder a las *props* a través del objeto props que se pasa como argumento a la función del componente. Por ejemplo:

```
1   function Usuario(props) {
2     return <h1>Hola, {props.nombre}</h1>;
3   }
```

En este caso, estamos accediendo a la *prop* nombre a través del objeto props y la estamos utilizando para renderizar un saludo.

Props por defecto

En algunos casos, es posible que quieras establecer valores por defecto para ciertas *props*. Esto se puede hacer utilizando default-Props. Por ejemplo:

```
1  function Usuario(props) {
2    return <h1>Hola, {props.nombre}</h1>;
3  }
4
5  Usuario.defaultProps = {
6    nombre: "Desconocido"
7  };
```

En este caso, si el componente Usuario se utiliza sin pasarle una *prop* nombre, utilizará "Desconocido" como valor por defecto.

Aunque esta forma ya no se utiliza tanto, desde que apareció la característica *Default Properties* en la versión 6 de ECMAScript. Utilizándolo de esta manera, en conjunción con el *destructuring* de objetos de JavaScript, el código quedaría así:

```
1  function Usuario({ nombre = "Desconocido" }) {
2      return <h1>Hola, {nombre}</h1>;
3  }
```

Hemos realizado un *destructuring* del objeto props, dejándolo en el argumento de la función/componente como {nombre} para así acceder directamente a las propiedades del objeto. De esta manera, con el operador = podemos indicarle un valor por defecto en el caso de que no se le asigne ninguno desde nuestra aplicación.

Props y Componentes Hijos

Las *props* también se pueden utilizar para pasar componentes hijos a otros componentes. Esto se hace a través de la prop especial children. Por ejemplo:

```
1   function Panel(props) {
2     return <div className="panel">{props.children}</div>;
3   }
4
5   function App() {
6     return (
7       <Panel>
8         <h1>Hola Mundo</h1>
9       </Panel>
10    );
11  }
```

En este caso, el componente Panel está recibiendo un componente h1 como hijo a través de la *prop* children. De esta manera podemos "incrustar" componentes o elementos HTML dentro de nuestros propios componentes si el diseño así lo requiere.

Las *props* son una herramienta muy potente y esencial en React que te permite crear componentes reutilizables y componibles.

Asegúrate de entender cómo funcionan antes de pasar al siguiente apartado, donde discutiremos el estado.

Estado (State)

El estado es una característica que permite a los componentes de React mantener y manipular datos que pueden cambiar con el tiempo. A diferencia de las *props*, que son inmutables y se pasan de los componentes padres a los hijos, el estado es privado y completamente controlado por el componente.

Estado en los componentes de Clase

En los componentes de clase, el estado se inicializa en el constructor de la clase y se accede a través de this.state. Para cambiar el estado, se utiliza la función this.setState(), que también le indica a React que debe volver a renderizar el componente.

Aquí tienes un ejemplo de cómo se utiliza el estado en un componente de clase:

```
class Contador extends React.Component {
  constructor(props) {
    super(props);
    this.state = { contador: 0 };

    this.incrementar = this.incrementar.bind(this);
  }

  incrementar() {
    this.setState({ contador: this.state.contador + 1 });
  };

  render() {
    return (
      <div>
        <p>Has hecho click {this.state.contador} veces</p>
        <button onClick={this.incrementar}>
          Haz click aquí
        </button>
      </div>
    );
  }
}
```

En este ejemplo, el componente Contador tiene un estado llamado contador que se inicializa a 0 en el constructor. Cuando se hace clic en el botón, se llama a la función incrementar, que incrementa el valor de contador en 1 y provoca que el componente se vuelva a renderizar.

En los componentes de clase de React, los métodos no están automáticamente vinculados al contexto de la clase. Esto significa que si intentas acceder a this dentro de un método (como incrementar), this será undefined, a menos que explícitamente vincules el método al contexto de la clase.

Las nuevas características de ECMAScript permiten definir el estado y los métodos de la clase directamente en el cuerpo de la clase, fuera del constructor. Este sería el componente de clase Contador reescrito utilizando estas características:

```
class Contador extends React.Component {
  state = { contador: 0 };

  incrementar = () => {
    this.setState({ contador: this.state.contador + 1 });
  };

  render() {
    return (
      <div>
        <p>Has hecho clic {this.state.contador} veces</p>
        <button onClick={this.incrementar}>
          Haz click aquí
        </button>
      </div>
    );
  }
}
```

En este ejemplo, el estado se inicializa directamente en el cuerpo de la clase, y el método incrementar se define como una *arrow function*, que automáticamente vincula this al contexto de la clase. Esto elimina la necesidad de un constructor explícito solo para inicializar el estado y vincular los métodos.

Estado en Componentes Funcionales con Hooks

Con la introducción de los Hooks en React 16.8, ahora es posible utilizar el estado en los componentes funcionales. El *Hook* useState es una función que acepta un valor inicial para el estado y devuelve un *array* con dos elementos: el valor actual del estado y una función para actualizarlo.

Aquí tienes un ejemplo de cómo se utiliza el estado en un componente funcional con *Hooks*:

```
import { useState } from 'react';

function Contador() {
  const [contador, setContador] = useState(0);

  return (
    <div>
      <p>Has hecho click {contador} veces</p>
      <button onClick={() => setContador(contador + 1)}>
        Haz click aquí
      </button>
    </div>
  );
}
```

En este ejemplo, el componente Contador utiliza el *Hook* useState para crear un estado llamado contador con un valor inicial de 0. La función setContador se utiliza para actualizar el valor de contador cuando se hace clic en el botón.

Introducción a los Hooks

Como hemos comentado ya varias veces, los *Hooks* son una característica que se introdujo en React 16.8 que permite a los componentes funcionales utilizar características que antes solo estaban disponibles en los componentes de clase, como el estado y los métodos del ciclo de vida. Los *Hooks* son funciones que "enganchan" (*Hook* es "anzuelo" en inglés) los componentes funcionales a las características de React.

En este apartado, hemos visto cómo se utiliza el *Hook* useState para manejar el estado en los componentes funcionales. En los próximos apartados, exploraremos otros *Hooks* y cómo se pueden utilizar para hacer que los componentes funcionales sean aún más flexibles.

Manejo de eventos

En este apartado, nos centraremos en otro de los aspectos más importantes y fundamentales de cualquier aplicación interactiva: el manejo de eventos. En React, los eventos son acciones que ocurren en la aplicación, como clics del *mouse*, pulsaciones de teclas, cambios de estado, entre otros.

Eventos en React

React tiene un sistema de eventos propio que es compatible con el modelo de eventos W3C (*World Wide Web Consortium*). Esto significa que, aunque estés trabajando con una biblioteca JavaScript, los eventos en React funcionan de manera muy similar a cómo lo hacen en HTML plano.

Por ejemplo, un evento de clic en un botón en HTML se manejaría de la siguiente manera:

```
<button onclick="handleClick()">
  Haz clic en mí
</button>
```

En React, la sintaxis es muy similar, pero con algunas diferencias clave. Primero, en lugar de `onclick`, usaríamos `onClick` (Date cuenta del formato *camelCase* de la palabra). Esto se debe a que estamos trabajando en JSX, que es una extensión de JavaScript, no HTML. En segundo lugar, en lugar de un *string*, pasaríamos una función al manejador de eventos:

```
1  <button onClick={handleClick}>
2    Haz clic en mí
3  </button>
```

Creando un manejador de eventos

Un manejador de eventos es simplemente una función que se ejecuta en respuesta a un evento. En React, puedes definir estos manejadores de eventos como métodos en tu componente de clase o como funciones dentro de tu componente funcional.

Aquí hay un ejemplo de cómo podrías crear un manejador de eventos en un componente de clase:

```
1  class MyButton extends React.Component {
2    handleClick() {
3      console.log('El botón fue clickado!');
4    }
5
6    render() {
7      return <button onClick={this.handleClick}>Haz clic en mí</but\
8  ton>;
9    }
10  }
```

Y aquí hay un ejemplo de cómo podrías hacerlo en un componente funcional:

```
1  function MyButton() {
2    const handleClick = () => {
3      console.log('El botón fue clickeado!');
4    };
5
6    return <button onClick={handleClick}>Haz clic en mí</button>;
7  }
```

Eventos sintéticos

React, en su intento de proporcionar una experiencia de desarrollo uniforme entre diferentes navegadores, implementa un sistema de eventos sintéticos. Un evento sintético es básicamente un objeto que simula un evento nativo del navegador, proporcionando la misma interfaz, independientemente del navegador que estés utilizando. Esto es especialmente útil para manejar las inconsistencias entre los diferentes navegadores.

Los eventos sintéticos en React son instancias de la clase `SyntheticEvent`, que es una envoltura alrededor del evento nativo del navegador. Tienen la misma interfaz que los eventos nativos del navegador, incluyendo `stopPropagation()` y `preventDefault()`, excepto que funcionan de manera idéntica en todos los navegadores.

Un beneficio más de los eventos sintéticos es que React puede reutilizar las instancias de eventos para mejorar el rendimiento y reducir la carga de memoria. Después de que el evento se ha procesado y los *callbacks* han sido invocados, React limpia automáticamente las propiedades del evento sintético. Esto significa que no puedes acceder a las propiedades del evento de forma asíncrona.

Aquí hay un ejemplo de cómo se ve un evento sintético en React:

```
1   function MyButton() {
2     const handleClick = (event) => {
3       event.preventDefault();
4       console.log('El botón fue clickado!');
5     };
6
7     return <button onClick={handleClick}>Haz click en mí</button>;
8   }
```

En este ejemplo, event es un evento sintético. Al llamar a event.preventDefault(), estamos evitando que el navegador realice la acción predeterminada asociada con el clic en el botón. Esto es útil, por ejemplo, cuando tienes un botón en un formulario y no quieres que el formulario se envíe cuando se hace clic en él.

Como mencionamos antes, es importante recordar que debido a la naturaleza de los eventos sintéticos en React, no puedes acceder a las propiedades del evento de forma asíncrona. Si necesitas acceder a un evento de forma asíncrona, deberás llamar a event.persist() para eliminar el evento sintético del "pool" de eventos y evitar que React lo limpie:

```
1    function MyButton() {
2      const handleClick = (event) => {
3        event.persist();
4        setTimeout(() => {
5          console.log('El botón fue clickeado!', event);
6        }, 1000);
7      };
8
9      return <button onClick={handleClick}>Haz clic en mí</button>;
10   }
```

En este ejemplo, estamos usando setTimeout para acceder al evento de forma asíncrona. Sin event.persist(), React limpiaría

el evento antes de que `setTimeout` se ejecutara, y no podríamos
acceder a las propiedades del evento.

Profundizando en Props y Eventos: Props Drilling y Event Bubbling

Props Drilling

"*Props Drilling*" es un término que se utiliza para describir el proceso de pasar datos de un componente a otro a través de la estructura del árbol de componentes. Esto se hace a través de las *props*.

Imagina que tienes una estructura de componentes en la que un componente madre tiene varios componentes hijos, y algunos de esos hijos tienen sus propios hijos. Si el componente más interno necesita acceder a los datos del componente madre, esos datos tendrían que "perforar" todos los niveles de componentes hasta llegar al componente más interno.

Aquí tienes un ejemplo de cómo se vería esto:

```
function Madre({ datos }) {
  return <Hija datos={datos} />;
}

function Hija({ datos }) {
  return <Nieta datos={datos} />;
}

function Nieta({ datos }) {
  // Ahora nieta tiene acceso a los datos
}
```

Aunque el *props drilling* puede ser útil en algunos casos, puede volverse problemático cuando tienes una estructura de componentes grande y compleja. En estos casos, puede ser difícil rastrear cómo se están pasando los datos y puede llevar a un código innecesariamente complicado.

Event Bubbling

"*Event Bubbling*" es un término que se utiliza para describir cómo los eventos en React (y en el DOM en general) se propagan a través de la estructura del árbol de componentes. Cuando se dispara un evento (como un clic o un cambio de entrada), ese evento se propaga hacia arriba a través de la estructura del árbol de componentes, comenzando por el componente en el que se disparó el evento y continuando hasta el componente más alto.

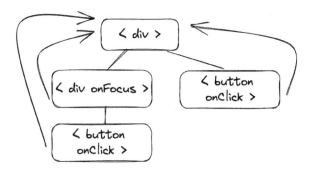

Event Bubbling

Esto puede ser útil porque te permite manejar un evento en un componente de alto nivel, incluso si el evento se disparó en un componente de bajo nivel. Aquí tienes un ejemplo de cómo se vería esto:

```
1    function Madre() {
2      function handleClick() {
3        console.log('Se hizo clic!');
4      }
5
6      return <Hija onClick={handleClick} />;
7    }
8
9    function Hija({ onClick }) {
10     return <button onClick={onClick}>Haz clic en mí</button>;
11   }
```

En este ejemplo, el evento de clic se dispara en el componente Hija, pero se maneja en el componente Madre.

Es importante tener en cuenta que, aunque el *"event bubbling"* puede ser útil, también puede llevar a comportamientos inesperados si no se maneja correctamente. Por ejemplo, si tienes varios manejadores de eventos en diferentes niveles de tu estructura de componentes, todos ellos se activarán cuando se dispare un evento, a menos que detengas explícitamente la propagación del evento.

Conclusión

El manejo de eventos es una parte fundamental de la creación de aplicaciones interactivas con React. Aunque la sintaxis puede parecer un poco diferente al principio, especialmente si tienes costumbre de trabajar con HTML y JavaScript puros, te acostumbrarás rápidamente a cómo funcionan los eventos en React. Recuerda, los eventos en React son simplemente funciones que se llaman en respuesta a acciones del usuario, y puedes manejar estos eventos de la misma manera que manejarías cualquier otra función en JavaScript.

En los siguientes apartados, exploraremos más a fondo cómo podemos utilizar los eventos para controlar el estado de nuestra aplicación y crear interacciones más complejas. Pero por ahora, te animo a que juegues con los ejemplos de código que hemos visto en este apartado.

Si lo necesitas, tienes el código visto hasta ahora en el siguiente repositorio de GitHub[12].

Intenta crear tus propios manejadores de eventos, y observa cómo puedes usarlos para cambiar el comportamiento de tus componentes de React.

Ahora continuaremos con el ciclo de vida de los componente. Algo esencial para entender los tiempos y los datos a los que podemos acceder en cada momento de la renderización del componente.

---

[12]https://github.com/carlosazaustre/aprendiendo-react-ejemplos

Referencias

- Bank, A., Porcello, E. (2017). *Learning React: Functional Web Development with React and Redux*. O'Reilly Media.
- Facebook Inc. (2023). *Tu primer componente.* https://es.react.dev/learn/your-first-component
- Facebook Inc. (2023). *Pasar Props a un Componente.* https://es.react.dev/learn/passing-props-to-a-component

Capítulo 3: Ciclo de vida de los componentes

El Virtual DOM

Antes de adentrarnos en el ciclo de vida de los componentes en React, es importante entender el concepto del *Virtual DOM.*

El *Virtual DOM* (V-DOM) es una característica fundamental de React que permite a la biblioteca ser rápida y eficiente en la actualización de la interfaz de usuario. Es una abstracción del DOM (*Document Object Model*) real, una representación ligera de este en memoria.

Cuando se crea una interfaz de usuario en React, en realidad se está creando una estructura de datos en memoria que representa esa interfaz. Esta estructura de datos es el V-DOM.

El V-DOM tiene la misma forma que el DOM real, pero carece de la capacidad de cambiar directamente lo que se muestra en la pantalla. En lugar de eso, React utiliza el V-DOM para determinar qué partes del DOM real necesitan cambiar cuando ocurre un evento, como una interacción del usuario o una actualización de datos.

El proceso funciona de la siguiente manera:

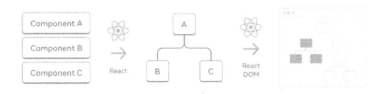

Algoritmo de Diffing

- **Creación del V-DOM**: Cuando se renderiza un componente de React, se crea una representación del V-DOM para ese componente y sus hijos. Este V-DOM representa el estado actual de la interfaz de usuario.

- **Actualización del estado**: Cuando cambia el estado de un componente (por ejemplo, debido a una interacción del usuario), React crea un nuevo V-DOM que refleja el nuevo estado de la interfaz de usuario.
- **Diferenciación (*Diffing*)**: React compara el nuevo V-DOM con el antiguo V-DOM. Este proceso se conoce como "diferenciación" o "diffing". React determina exactamente qué partes del V-DOM han cambiado.
- **Reconciliación**: React actualiza el DOM real para reflejar los cambios identificados en el paso de diferenciación. Este proceso se conoce como "reconciliación". React es muy eficiente en este proceso, actualizando solo las partes del DOM que necesitan cambiar.
- **Renderizado**: Finalmente, el navegador renderiza los cambios en la pantalla.

El V-DOM permite a React minimizar las operaciones costosas de manipulación del DOM y optimizar las actualizaciones de la interfaz de usuario, lo que resulta en un rendimiento mejorado y una experiencia de usuario más fluida.

Una vez aprendido esto, podemos pasar a detallar el ciclo de vida de un componente.

Métodos del Ciclo de Vida

El ciclo de vida de un componente en React es una serie de etapas que atraviesa desde su creación hasta su eliminación del DOM. Estas etapas nos permiten a los desarrolladores controlar cómo se comporta un componente en diferentes puntos de su existencia.

El ciclo de vida de un componente se puede dividir en tres fases principales:

1. **Montaje (*Mounting*)**: Esta es la fase en la que el componente se está creando e insertando en el DOM. Comienza con el `constructor` del componente, seguido por el método `render`, y finalmente el método `componentDidMount`. Durante esta fase, se establecen las props y el estado inicial, se crea el V-DOM y se inserta en el DOM real.

2. **Actualización (*Updating*)**: Esta fase ocurre cuando cambian las *props* o el estado de un componente, lo que provoca que el componente se vuelva a renderizar. Los métodos que se ejecutan durante esta fase incluyen `shouldComponentUpdate`, `render` y `componentDidUpdate`. React compara el nuevo V-DOM con el antiguo y realiza las actualizaciones necesarias en el DOM real.

3. **Desmontaje (*Unmounting*)**: Esta es la fase final del ciclo de vida de un componente, cuando el componente se elimina del DOM. El método que se ejecuta durante esta fase es `componentWillUnmount`. Aquí es donde se realiza la limpieza, como cancelar solicitudes de red, invalidar temporizadores o eliminar suscripciones.

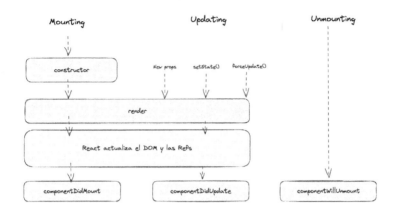

Métodos del ciclo de vida de un componente

Además de estas tres fases, hay una fase adicional llamada "*Error Handling*" que se utiliza para manejar cualquier error que ocurra durante el renderizado, en un método del ciclo de vida, o en el constructor de un componente hijo. Los métodos que se ejecutan durante esta fase son `static getDerivedStateFromError` y `componentDidCatch`.

Cada uno de estos métodos del ciclo de vida ofrece un "gancho" que podemos utilizar para controlar lo que sucede antes, durante y después de que un componente se renderice en el DOM. Esto proporciona un gran control sobre la lógica de la aplicación y permite optimizaciones de rendimiento, como evitar renderizados innecesarios.

Todos estos métodos pueden utilizarse en los componentes de tipo Clase. En los componentes de tipo función no es posible, pero si lo es acceder a estos "momentos" utilizando *hooks* como `useEffect` que veremos en el siguiente apartado.

Montaje

El montaje es la fase en la que el componente se está creando e insertando en el DOM. Este proceso se realiza en tres pasos:

1. **Constructor**: Aquí es donde se inicializa el estado del componente y se enlazan los métodos del evento.

```
constructor(props) {
  super(props);
  this.state = { counter: 0 };
  this.handleClick = this.handleClick.bind(this);
}
```

1. **render**: Este método devuelve el código JSX que se renderizará en el DOM como HTML

```
render() {
  return (
    <button onClick={this.handleClick}>
      Clicked {this.state.counter} times
    </button>
  );
}
```

1. **componentDidMount**: Este método se ejecuta después de que el componente se haya renderizado en el DOM. Es un buen lugar para realizar solicitudes de red (llamadas a APIs externas por ejemplo) o establecer cualquier suscripción a un evento.

```
1  componentDidMount() {
2    console.log('Component mounted');
3  }
```

Actualización

La actualización ocurre cuando cambia el estado o las *props* de un componente. Esto desencadena una serie de métodos de ciclo de vida:

- 1. **shouldComponentUpdate**: Este método decide si el componente necesita ser renderizado de nuevo. Devuelve un valor *booleano.*

```
1  shouldComponentUpdate(nextProps, nextState) {
2    return nextState.counter !== this.state.counter;
3  }
```

- 2. **render**: Al igual que en la fase de montaje, este método devuelve el JSX que se renderizará.
- 3. **componentDidUpdate**: Este método se ejecuta después de que el componente se haya actualizado en el DOM. Es un buen lugar para realizar operaciones entrada/salida y llamadas a servicios externos, basadas en el cambio de *props* o estado.

```
1  componentDidUpdate(prevProps, prevState) {
2    if (prevState.counter !== this.state.counter) {
3      console.log('Counter updated');
4    }
5  }
```

Desmontaje

El desmontaje es la fase final del ciclo de vida de un componente,
cuando el componente se elimina del DOM. En esta etapa es donde
se realiza la limpieza de eventos, manejadores, *timeouts*,...

- 1. **componentWillUnmount**: Este método se ejecuta justo
  antes de que el componente se desmonte y se destruya.
  Es un buen lugar para realizar la limpieza necesaria,
  como invalidar temporizadores o cancelar solicitudes de
  red.

```
1  componentWillUnmount() {
2    console.log('Component will unmount');
3  }
```

Como he mencionado, estos métodos solo pueden usarse en componentes de clase, ahora pasamos a la versión más actual de React,
que es acceder a estos momentos del ciclo de vida utilizando los
llamados *Hooks*.

React Hooks

Los *Hooks* son una adición relativamente nueva a React. Nos permite usar el estado y otras características de React en componentes funcionales, en lugar de tener que escribirlos como clases.

Los *Hooks* representan una evolución en la forma en que se manejan los componentes y el estado en React, y han sido ampliamente adoptados por la comunidad de desarrollo debido a las ventajas que ofrecen.

Motivaciones para los Hooks

Antes de la introducción de los *Hooks*, los componentes funcionales en React eran bastante limitados en comparación con los componentes de clase. No podían manejar su propio estado ni utilizar características como el ciclo de vida del componente. Esto nos llevó a utilizar componentes de clase para casos más complejos, lo que a su vez introdujo una serie de problemas:

- **Complejidad de las clases**: Las clases en JavaScript pueden ser difíciles de entender y manejar para los desarrolladores, especialmente para aquellos que vienen de lenguajes que no utilizan el modelo de clases basado en prototipos de JavaScript.
- **Reutilización de lógica de estado**: Antes de los Hooks, la reutilización de la lógica de estado entre componentes implicaba patrones de "Orden Superior" (HOCs) y *render props*, que podían resultar en árboles de componentes anidados y difíciles de seguir.
- **Componentes gigantes**: A menudo, los componentes de clase se volvían demasiado grandes, ya que la lógica relacionada

se agrupaba en métodos del ciclo de vida, en lugar de dividirse en funciones más pequeñas basadas en qué piezas están relacionadas entre sí.

Los *Hooks* fueron introducidos para abordar estos problemas y hacer que el desarrollo en React sea más sencillo y eficiente.

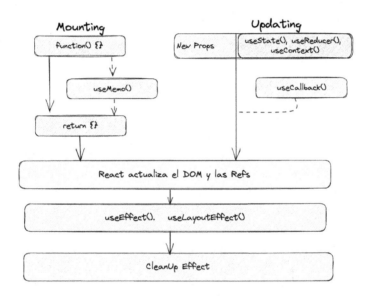

Hooks y Ciclo de vida del componente

Ventajas de los Hooks

Los *Hooks* ofrecen varias ventajas sobre los componentes de clase:

- **Simplicidad**: Los *Hooks* permiten trabajar con el estado y otras características de React sin tener que entender la complejidad de las clases en JavaScript. Esto hace que el código sea más fácil de leer y escribir.

- **Reutilización de lógica de estado**: Los *Hooks* permiten extraer la lógica de estado de un componente, de modo que pueda ser utilizada (incluso testeada) de forma independiente y reutilizada en otros componentes. Los *Hooks* personalizados ofrecen la posibilidad de compartir lógica de estado entre múltiples componentes.
- **Separación de preocupaciones**: A diferencia de los métodos del ciclo de vida en los componentes de clase, que agrupan diferentes tipos de lógica (datos de búsqueda, configuración de suscripciones, etc.) en bloques de código, los *Hooks* permiten separar la lógica basada en el tipo de operación que se está realizando, lo que lleva a un código más limpio y fácil de seguir y mantener.
- **Optimización del rendimiento**: Algunos *Hooks*, como `useMemo` y `useCallback`, permiten optimizar el rendimiento al evitar operaciones costosas o renderizados innecesarios.

Ahora que hemos cubierto las motivaciones y ventajas de los *Hooks*, vamos a profundizar en algunos de los más comunes.

Hooks más comunes

Estos son varios de los *Hooks* más utilizados en React. Hay muchos más, y también el equipo de desarrollo de React va incorporando más con las nuevas versiones.

useState

El *Hook* `useState` es uno de los *Hooks* más utilizados en React. Permite añadir estado local a los componentes funcionales de una manera muy sencilla y directa.

La sintaxis básica de useState es la siguiente:

```
1  const [state, setState] = useState(initialState);
```

Aquí, useState es una función que acepta un único argumento, que es el estado inicial. Devuelve un *array* con dos elementos: el valor actual del estado y una función para actualizar ese estado.

Aquí vemos el ejemplo más básico de cómo se utiliza useState:

```
1  import { useState } from 'react';
2
3  function Counter() {
4    const [count, setCount] = useState(0);
5
6    return (
7      <div>
8        <p>You clicked {count} times</p>
9        <button onClick={() => setCount(count + 1)}>
10         Click me
11       </button>
12     </div>
13   );
14 }
```

En este ejemplo, useState inicializa count en 0. Cuando se hace clic en el botón, se llama a setCount con el nuevo valor de count.

useState permite diferentes formas de inicializar el estado. Como hemos visto en el ejemplo anterior, puedes pasar un valor directamente como argumento a useState. Sin embargo, si la inicialización del estado requiere algún cálculo costoso, puedes pasar una función a useState. Esta función se ejecutará sólo en el primer renderizado.

```
1  const [state, setState] = useState(() => {
2    const initialState = someExpensiveComputation(props);
3    return initialState;
4  });
```

El valor de inicialización del estado no tiene porque ser un tipo único como un *string* o un *number*. Puede ser un objeto con varias propiedades, como por ejemplo los diferentes campos de un formulario:

```
1   import { useState } from 'react';
2
3   function Form() {
4     const [form, setForm] = useState({ name: '', age: '' });
5
6     const handleChange = (e) => {
7       setForm({
8         ...form,
9         [e.target.name]: e.target.value
10       });
11     };
12
13     return (
14       <div>
15         <input
16           name="name"
17           value={form.name}
18           onChange={handleChange}
19           placeholder="Name"
20         />
21         <input
22           name="age"
23           value={form.age}
24           onChange={handleChange}
25           placeholder="Age"
26         />
```

```
27      </div>
28    );
29  }
```

En este ejemplo, useState se utiliza para manejar el estado de un formulario. Cuando el usuario escribe en los campos de entrada, la función handleChange se llama para actualizar el estado del formulario.

Es importante fijarse que useState no fusiona automáticamente el objeto antiguo y el nuevo como lo hacía this.setStateen un componente de clase. Por lo tanto, es necesario hacerlo manualmente utilizando el operador de propagación o *spread operator* (...), como hemos hecho en ...form.

useEffect

El *Hook* useEffect permite realizar efectos secundarios en los componentes funcionales. Puedes pensar en useEffect como una combinación de los métodos componentDidMount, componentDidUpdate, y componentWillUnmount de las clases de React que vimos antes.

La sintaxis básica de useEffect es la siguiente:

```
1  useEffect(() => {
2    // Efecto secundario
3  }, [dependencias]);
```

El primer argumento de useEffect es una función que contiene el código del efecto secundario. Este código se ejecutará después de que se haya completado el renderizado.

El segundo argumento es un *array* de dependencias. React rastreará las dependencias y solo ejecutará el efecto secundario si una de las dependencias ha cambiado desde el último renderizado. Si el *array* de dependencias está vacío ([ ]), el efecto secundario se ejecutará una vez después del primer renderizado, similar a como hacía componentDidMount.

Veamos un ejemplo básico de cómo se utiliza useEffect:

```
import { useState, useEffect } from 'react';

function Counter() {
  const [count, setCount] = useState(0);

  useEffect(() => {
    document.title = `You clicked ${count} times`;
  }, [count]);

  return (
    <div>
      <p>You clicked {count} times</p>
      <button onClick={() => setCount(count + 1)}>
        Click me
      </button>
    </div>
  );
}
```

En este ejemplo, useEffect actualiza el título de la página web (el que aparece en la pestaña del navegador) después de que React actualiza el DOM. Como count está en el *array* de dependencias, el efecto secundario se ejecutará cada vez que count cambie.

```
1    import { useState, useEffect } from 'react';
2
3    function App() {
4      const [data, setData] = useState(null);
5
6      useEffect(() => {
7        fetch('/api/data')
8          .then(response => response.json())
9          .then(data => setData(data));
10     }, []);
11
12     return (
13       <div>
14         {data ? `Data: ${data}` : 'Loading...'}
15       </div>
16     );
17   }
```

En este ejemplo, useEffect se utiliza para hacer una solicitud de
red para obtener algunos datos cuando el componente se monta.
Como la URL de la API no cambia, no necesitamos ejecutar el efecto
secundario más de una vez, por lo que el *array* de dependencias está
vacío.

Es importante tener en cuenta que si omites el *array* de dependencias por completo, el efecto secundario se ejecutará después de cada
renderizado, no solo después del primero. Por lo tanto, si quieres
que el efecto secundario se ejecute sólo una vez, debes proporcionar
un *array* de dependencias vacío.

Al igual que los métodos del ciclo de vida de las clases de React permiten la limpieza en componentWillUnmount, useEffect también
permite la limpieza. Para hacerlo, la función pasada a useEffect
puede devolver una función de limpieza.

```
1   useEffect(() => {
2     const subscription = props.source.subscribe();
3
4     return () => {
5       // Limpieza
6       subscription.unsubscribe();
7     };
8   }, [props.source]);
```

En este ejemplo, useEffect se utiliza para suscribirse a una fuente
de datos cuando el componente se monta y desuscribirse cuando el
componente se desmonta. La función de limpieza se ejecutará cuando el componente se desmonte y también antes de cada renderizado
posterior (si props.source cambia).

useContext

El *Hook* useContext permite acceder al valor actual de un contexto
de React sin tener que envolver un componente en un componente
Context.Consumer.

useContext acepta un objeto de contexto (el valor devuelto por
React.createContext) y devuelve el valor actual del contexto,
como lo haría Context.Consumer.

No te preocupes si esto te suena raro, más adelante en el libro vamos
a entrar más en profundidad en los contextos de React y la gestión
de estados globales y más complejos. Pero es interesante ver en este
apartado el *hook* que se utiliza con esta característica para tenerlo
ubicado correctamente.

La sintaxis básica de useContext es la siguiente:

```
1   const value = useContext(MyContext);
```

Aquí, useContext es una función que acepta un objeto de contexto
y devuelve su valor actual.

Veamos un ejemplo básico de cómo se utiliza useContext:

```
1   import { useContext, createContext } from 'react';
2   const ThemeContext = createContext('light');
3
4   function ThemedButton() {
5     const theme = useContext(ThemeContext);
6     return (
7       <button theme={theme}>
8         I am styled by theme context!
9       </button>
10    );
11  }
```

En este ejemplo, useContext se utiliza para acceder al valor
actual del contexto ThemeContext. El componente ThemedButton
utilizará el valor del tema actual para estilizar el botón.

Para proporcionar un valor al contexto, debes usar un componente
Context.Provider. Ten en cuenta que useContext siempre devolverá el valor actual del contexto más cercano Context.Provider
hacia arriba en el árbol. Si no hay Context.Provider en el árbol
de componentes, useContext devolverá el valor por defecto que se
pasó a React.createContext.

```
1   import { createContext, useContext } from 'react';
2   const ThemeContext = createContext('light');
3
4   function ThemedButton() {
5     const theme = useContext(ThemeContext);
6     return (
7       <button theme={theme}>
8         Tengo estilo por el theme context!
9       </button>
10    );
11  }
12
13  function App() {
14    return (
15      <ThemeContext.Provider value="dark">
16        <ThemedButton />
17      </ThemeContext.Provider>
18    );
19  }
```

En este ejemplo, para ilustrar como se combina el hook con la creación de contextos, ThemeContext.Provider proporciona el valor "dark" al contexto. ThemedButton, que está dentro de ThemeContext.Provider, utilizará este valor en lugar del valor por defecto "light".

useContext es un *Hook* muy potente que simplifica el uso de los contextos en React. Permite acceder a los valores de contexto sin tener que envolver los componentes en Context.Consumer, lo que lleva a un código más limpio y fácil de seguir.

useRef

El *Hook* useRef devuelve un objeto mutable cuyo campo .current se inicializa con el argumento pasado (initialValue). El objeto devuelto persistirá durante toda la vida del componente.

La sintaxis básica de useRef es la siguiente: Una función que acepta un valor inicial y devuelve un objeto de referencia.

```
1   const refContainer = useRef(initialValue);
```

Veamos un ejemplo básico de cómo se utiliza useRef:

```
1   import { useRef } from 'react';
2
3   function TextInputWithFocusButton() {
4     const inputEl = useRef(null);
5
6     const onButtonClick = () => {
7       // `current` apunta al campo de texto montado en el DOM
8       inputEl.current.focus();
9     };
10
11    return (
12      <>
13        <input ref={inputEl} type="text" />
14        <button onClick={onButtonClick}>
15          Focus the input
16        </button>
17      </>
18    );
19  }
```

En este ejemplo, useRef se utiliza para almacenar una referencia al campo de entrada. Cuando se hace clic en el botón, la función onButtonClick se llama para enfocar el campo de entrada.

Además de mantener referencias a los nodos del DOM, useRef también puede utilizarse para almacenar variables de instancia. Esto es útil cuando se necesita compartir valores mutables entre múltiples renderizados que no deben desencadenar una actualización del componente.

```
 1   import { useRef, useState, useEffect } from 'react';
 2
 3   function Timer() {
 4     const intervalRef = useRef();
 5     const [timer, setTimer] = useState(0);
 6
 7     useEffect(() => {
 8       intervalRef.current = setInterval(() => {
 9         setTimer((timer) => timer + 1);
10       }, 1000);
11       return () => {
12         clearInterval(intervalRef.current);
13       };
14     }, []);
15
16     return (
17       <div>
18         Timer: {timer}
19         <button
20           onClick={() => clearInterval(intervalRef.current)}
21         >
22           Stop Timer
23         </button>
24       </div>
25     );
26   }
```

En este ejemplo, useRef se utiliza para almacenar el ID del intervalo. Esto permite que el intervalo se limpie cuando el componente se desmonta y cuando se hace clic en el botón "Stop Timer".

useRef es un Hook muy útil que permite mantener referencias a los nodos del DOM y almacenar variables de instancia en los componentes funcionales de React. Es utilizado mucho en formularios para mantener la referencia a los distintos campos que lo componen y poder acceder a sus cambios.

useId

El Hook useId es un *Hook* de React para generar IDs únicos que pueden ser pasados a atributos de accesibilidad. Este *Hook* es especialmente útil cuando se necesita asignar un ID único a un elemento en el DOM, como un campo de entrada o un elemento de lista.

La sintaxis básica de useId es la siguiente: Una función que no acepta ningún argumento y devuelve un ID único asociado a esta llamada particular de useId en este componente particular.

```
1   const id = useId();
```

Veamos un ejemplo básico de cómo se utiliza useId:

```
1   import { useId } from 'react';
2
3   function PasswordField() {
4     const passwordHintId = useId();
5
6     return (
7       <>
8         <input type="password" aria-describedby={passwordHintId} />
9         <p id={passwordHintId}>
10          The password should contain at least 18 characters
11        </p>
12      </>
13    );
14  }
```

En este ejemplo, useId se utiliza para generar un ID único para el párrafo que describe el campo de entrada de la contraseña. El ID generado se pasa al atributo aria-describedby del campo de entrada y al atributo id del párrafo.

Si necesitas asignar IDs a varios elementos relacionados, puedes llamar a useId para generar un prefijo compartido para ellos:

```
import { useId } from 'react';

export default function Form() {
  const id = useId();

  return (
    <form>
      <label htmlFor={`${id}-firstName`}>First Name:</label>
      <input id={`${id}-firstName`} type="text" />
      <hr />
      <label htmlFor={`${id}-lastName`}>Last Name:</label>
      <input id={`${id}-lastName`} type="text" />
    </form>
  );
}
```

En este ejemplo, useId se utiliza para generar un prefijo de ID compartido para los campos de entrada del nombre y del apellido.

Si renderizas varias aplicaciones de React independientes en una sola página, puedes pasar identifierPrefix como una opción a tus llamadas createRoot o hydrateRoot. Esto asegura que los IDs generados por las dos aplicaciones diferentes nunca choquen, ya que cada identificador generado con useId comenzará con el prefijo distinto que has especificado.

```
1   import { createRoot } from 'react-dom/client';
2   import App from './App.js';
3
4   const root1 = createRoot(document.getElementById('root1'), {
5     identifierPrefix: 'my-first-app-'
6   });
7   root1.render(<App />);
8
9   const root2 = createRoot(document.getElementById('root2'), {
10    identifierPrefix: 'my-second-app-'
11  });
12  root2.render(<App />);
```

En este ejemplo, createRoot se utiliza para renderizar dos aplicaciones de React en la misma página con diferentes prefijos de ID.

> Por favor, ten en cuenta que useId **no debe ser utilizado para generar claves en una lista.** Las claves deben ser generadas a partir de tus datos.

useCallback

El *Hook* useCallback devuelve una versión "memoizada" de la función que solo cambia si una de las dependencias ha cambiado. Es útil cuando pasas *callbacks* a componentes optimizados que dependen de la igualdad de referencia para evitar renderizados innecesarios.

La sintaxis básica de useCallback es la siguiente:

```
1   const memoizedCallback = useCallback(
2     () => {
3       // Función
4     },
5     [dependencias],
6   );
```

Veamos un ejemplo básico de cómo se utiliza useCallback:

```
1   import { useState, useCallback } from 'react';
2
3   function Counter() {
4     const [count, setCount] = useState(0);
5
6     const increment = useCallback(() => {
7       setCount(count + 1);
8     }, [count]);
9
10    return (
11      <div>
12        <p>You clicked {count} times</p>
13        <button onClick={increment}>
14          Click me
15        </button>
16      </div>
17    );
18  }
```

En este ejemplo, useCallback se utiliza para memorizar la función increment. Como count está en el *array* de dependencias, increment cambiará cada vez que count cambie.

useCallback es especialmente útil en combinación con React.memo. React.memo es una función de orden superior que memoriza un componente, pero solo se renderizará de nuevo si las *props* han cambiado.

Sin embargo, si pasas una función de callback como prop a un componente memorizado, ese componente se renderizará cada vez que se renderice el componente padre, a menos que esa función de *callback* esté memorizada.

En el siguiente ejemplo, Button es un componente "memoizado" que sólo se renderizará si sus *props* cambian. Sin useCallback, Button se renderizaría cada vez que Counter se renderiza, porque increment sería una nueva función en cada renderizado. Con useCallback, increment sólo cambia cuando count cambia, por lo que Button solo se renderiza cuando count cambia.

```
1   import { useState, useCallback } from 'react';
2
3   const Button = React.memo(({ onClick, children }) => {
4     console.log('Button rendered');
5     return <button onClick={onClick}>{children}</button>;
6   });
7
8   function Counter() {
9     const [count, setCount] = useState(0);
10
11    const increment = useCallback(() => {
12      setCount(count + 1);
13    }, [count]);
14
15    return (
16      <div>
17        <p>You clicked {count} times</p>
18        <Button onClick={increment}>
19          Click me
20        </Button>
21      </div>
22    );
23  }
```

useMemo

El *Hook* useMemo devuelve un valor "memoizado". useMemo acepta dos argumentos: una función y una lista de dependencias.

useMemo ejecutará la función y devolverá su resultado si la lista de dependencias cambia. Si no cambia entre renderizados, useMemo devolverá el valor memorizado del último renderizado en lugar de ejecutar la función de nuevo.

La sintaxis básica de useMemo es la siguiente:

```
const memoizedValue = useMemo(
  () => computeExpensiveValue(a, b), [a, b]
);
```

Veamos un ejemplo básico de cómo se utiliza useMemo:

```
import { useMemo } from 'react';

function MyComponent({ list }) {
  const sortedList = useMemo(() => {
    const sorted = [...list];
    sorted.sort();
    return sorted;
  }, [list]);

  return (
    <div>
      {sortedList.map(item => (
        <div key={item}>{item}</div>
      ))}
    </div>
  );
}
```

En este ejemplo, useMemo se utiliza para memorizar una lista ordenada. La lista se ordena sólo cuando cambia list. Si list no cambia entre renderizados, useMemo devolverá la lista ordenada del último renderizado en lugar de ordenar la lista de nuevo.

useMemo es útil cuando tienes funciones costosas que no quieres ejecutar en cada renderizado. Al memorizar el resultado de la función, puedes evitar su ejecución en cada renderizado y mejorar así el rendimiento de tu aplicación.

Por ejemplo:

```
import { useMemo } from 'react';

function MyComponent({ a, b }) {
  const result = useMemo(() => {
    let sum = 0;
    for (let i = 0; i < 1000000000; i++) {
      sum += i;
    }
    return sum + a + b;
  }, [a, b]);

  return <div>{result}</div>;
}
```

En este ejemplo, useMemo se utiliza para memorizar el resultado de una función costosa. La función se ejecuta sólo cuando cambian a o b. Si a y b no cambian entre renderizados, useMemo devolverá el resultado del último renderizado en lugar de ejecutar la función de nuevo.

Por favor, ten en cuenta que **useMemo es una optimización, y no una garantía.** React puede decidir "olvidar" algunos valores memorizados para liberar memoria.

Usa useMemo como una sugerencia, no como una garantía semántica. Esto significa que puedes usar useMemo para optimizar el rendimiento, pero no debes confiar en él para la semántica.

¿Qué diferencias y similitudes hay entre useMemo y React.memo?

useMemo y React.memo son dos técnicas de optimización en React que ayudan a evitar renderizados innecesarios, pero se utilizan en diferentes contextos y para diferentes propósitos.

1. useMemo

Es un *Hook* que se utiliza para memorizar el resultado de una función costosa, de modo que el resultado se pueda reutilizar sin tener que volver a ejecutar la función en cada renderizado. useMemo se utiliza dentro de un componente para evitar la reevaluación de partes costosas de la función de renderizado.

```
const memoizedValue = useMemo(
  () => computeExpensiveValue(a, b), [a, b]
);
```

2. React.memo

Es una función de orden superior que memoriza un componente, de modo que si las *props* del componente no cambian, React reutilizará el resultado del último renderizado en lugar de volver a renderizar el componente.

```
const MyComponent = React.memo(function MyComponent(props) {
  /* render using props */
});
```

¿Cuándo usar uno u otro?

Deberías usar useMemo cuando tienes una **función costosa** en tu función de renderizado que quieres evitar que se ejecute en cada renderizado.

Deberías usar React.memo cuando tienes un **componente** que se renderiza con las mismas props repetidamente y quieres evitar que se vuelva a renderizar en cada renderizado.

useReducer

El *Hook* useReducer es una alternativa a useState. Acepta un *reducer* de tipo (state, action) => newState y devuelve el estado actual emparejado con un método dispatch.

La sintaxis básica de useReducer es la siguiente: Una función que acepta un reducer y un estado inicial. Devuelve el estado actual y una función dispatch

```
1  const [state, dispatch] = useReducer(reducer, initialState);
```

Veamos un ejemplo básico de cómo se utiliza useReducer:

```
1   import { useReducer } from 'react';
2
3   const initialState = {count: 0};
4
5   function reducer(state, action) {
6     switch (action.type) {
7       case 'increment':
8         return {count: state.count + 1};
9       case 'decrement':
10        return {count: state.count - 1};
11      default:
12        throw new Error();
13    }
```

```
14    }
15
16    function Counter() {
17      const [state, dispatch] = useReducer(reducer, initialState);
18      return (
19        < >
20          Count: {state.count}
21          <button
22            onClick={() => dispatch({type: 'decrement'})}>
23            -
24          </button>
25          <button
26            onClick={() => dispatch({type: 'increment'})}>
27            +
28          </button>
29        < / >
30      );
31    }
```

En este ejemplo, useReducer se utiliza para manejar el estado de un contador. El estado inicial es {count: 0}, y el reducer maneja dos acciones: 'increment' y 'decrement'. Cuando se hace clic en los botones, se despachan acciones para incrementar o decrementar el contador.

useReducer es útil cuando tienes un estado complejo que implica múltiples subvalores, o cuando el siguiente estado depende del anterior.

useReducer también permite optimizar el rendimiento para componentes que activan actualizaciones profundas porque puedes pasar *dispatch* hacia abajo en lugar de *callbacks*.

Ejemplo:

```
1   import { useReducer } from 'react';
2
3   const initialState = {count: 0, step: 1};
4
5   function reducer(state, action) {
6     switch (action.type) {
7       case 'increment':
8         return {count: state.count + state.step, step: state.step};
9       case 'decrement':
10        return {count: state.count - state.step, step: state.step};
11      case 'setStep':
12        return {count: state.count, step: action.step};
13      default:
14        throw new Error();
15    }
16  }
17
18  function Counter() {
19    const [state, dispatch] = useReducer(reducer, initialState);
20    return (
21      <>
22        Count: {state.count}
23        <button
24          onClick={() => dispatch({type: 'decrement'})}
25        >
26          -
27        </button>
28        <button
29          onClick={() => dispatch({type: 'increment'})}
30        >
31          +
32        </button>
33        Step:
34        <input
35          value={state.step}
36          onChange={e => dispatch({type: 'setStep', step: Number(e.\
37  target.value)})}
```

```
38          />
39        </>
40     );
41   }
```

En este ejemplo, useReducer se utiliza para manejar un estado más complejo que incluye un contador y un paso (*step*). El estado inicial es {count: 0, step: 1}, y el *reducer* maneja tres acciones: 'increment', 'decrement', y 'setStep'.

Cuando se hace clic en los botones, se despachan acciones para incrementar o decrementar el contador. Cuando se cambia el campo de entrada, se despacha una acción para establecer el paso.

Conclusión

En este capítulo, hemos explorado en profundidad el ciclo de vida de los componentes en React y cómo los *Hooks* nos permiten interactuar con él. Hemos aprendido que los *Hooks* son funciones que nos permiten "enganchar" el estado de React y el ciclo de vida de los componentes desde funciones en lugar de clases. Hemos explorado varios *Hooks* incorporados en React, incluyendo useState, useEffect, useContext, useCallback, useMemo, useRef, useId, y useReducer, y hemos visto cómo cada uno de ellos puede ser utilizado para manejar diferentes aspectos del estado y el ciclo de vida de los componentes.

Los *Hooks* son una parte muy importante y flexible del React moderno que nos permite escribir componentes más limpios y reutilizables sin la necesidad de clases. Sin embargo, es importante recordar que los *Hooks* son sólo herramientas, y como todas las herramientas, deben ser utilizadas con cuidado y entendimiento. No todos los problemas requieren *Hooks*, y no todos los componentes los necesitan. Como siempre, la clave para escribir buen código en React es entender las necesidades de tu aplicación y utilizar las herramientas adecuadas para el trabajo.

En el próximo capítulo, cambiaremos de enfoque y nos adentraremos en el mundo del estado global y su gestión en React. Exploraremos cómo podemos manejar el estado que necesita ser compartido entre múltiples componentes, o incluso entre toda la aplicación. Veremos diferentes enfoques y técnicas, desde el uso del Contexto de React hasta bibliotecas de gestión de estado más sofisticadas.

Referencias

- Banks, A., y Porcello, E. (2020). *Learning React: Functional Web Development with React and Redux.* O'Reilly Media.
- Stefanov, S. (2016). *React: Up & Running: Building Web Applications.* O'Reilly Media.
- Accomazzo, A., Murray, N., y Lerner, A. (2017). *Fullstack React: The Complete Guide to ReactJS and Friends.* Fullstack.io.
- Larsen, J. (2020). *React Hooks in Action.* Manning Publications.
- Facebook Inc. (2023). *Hooks integrados de React.* https://es.react.dev/reference/react
- Dodds, K. C. (2023). *Epic React.* https://epicreact.dev
- Bos, W. (2023). *React for Beginners.* https://reactforbeginners.com

Capítulo 4: Gestión de estados globales

Introducción

En el desarrollo de aplicaciones web modernas, uno de los desafíos más comunes es la gestión del estado. El estado de una aplicación se refiere a los datos que se mantienen y cambian a lo largo del tiempo y que pueden afectar el comportamiento y la representación de la aplicación. En una aplicación React, el estado puede existir a nivel de componente individual, pero también puede existir a nivel global, siendo accesible y modificable por cualquier componente en la aplicación.

El estado global de una aplicación es un concepto importante en React. Imagina de nuevo una aplicación como un árbol, donde cada componente es un nodo. Algunos nodos (componentes) pueden necesitar compartir información entre ellos. Esta información compartida es lo que llamamos estado global.

Por ejemplo, en una aplicación de comercio electrónico, el carrito de compras puede ser considerado como un estado global, ya que muchos componentes diferentes, como la página de detalles del producto, la barra de navegación y la página de pago, pueden necesitar acceder y modificar el carrito de compras. Otro ejemplo podría ser el *theme* que se muestra en la UI (modo "claro", modo "oscuro",...)

La gestión del estado global se refiere a cómo se organiza, almacena y manipula este estado global. Una gestión adecuada del estado global puede hacer que tu aplicación sea más predecible, fácil de entender y de mantener. Sin embargo, una mala gestión del estado puede llevar a errores difíciles de rastrear y a un código complejo y difícil de manejar.

En React, hay varias formas de manejar el estado global. Algunas de las más populares incluyen la *Context API* y *Redux*, que serán los temas principales de este capítulo. Ambas ofrecen formas de compartir y manipular el estado global, pero cada una tiene sus propias ventajas y desventajas, y puede ser más adecuada para diferentes tipos de aplicaciones.

Antes de adentrarnos en estas soluciones, es importante tener una sólida comprensión de los conceptos básicos de JavaScript y React. Si necesitas repasar estos conceptos, te invito a que consultes mi libro anterior, *Aprendiendo JavaScript*[13], donde explico estos temas en detalle.

Ahora, vamos a por el fascinante (y complejo) mundo de la gestión del estado global en React.

---

[13]https://carlosazaustre.es/libros/aprendiendo-javascript

Context API

La *Context API* es una característica incorporada en React que permite compartir valores entre componentes sin tener que pasar *props* explícitamente a través de cada nivel del árbol de componentes.

Esto es bastante útil para compartir datos que pueden considerarse "globales" para un árbol de componentes, como el usuario autenticado actual, el tema preferido, o la información del carrito de compras en una aplicación de comercio electrónico.

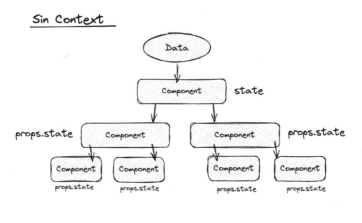

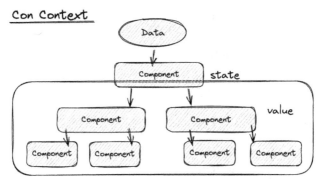

Diferencias entre una aplicación con y sin Context API

Creando un contexto

Para empezar a usar la *Context API*, primero necesitamos crear un contexto. Esto se hace utilizando `React.createContext()`. Aquí tienes un ejemplo:

```
1  const MyContext = React.createContext(defaultValue);
```

El argumento defaultValue es el valor que se utilizará si el contexto no está envuelto en un Provider. Es opcional y normalmente
se deja vacío.

Context.Provider

Una vez que hemos creado un *Context*, podemos usar el componente Context.Provider para envolver partes de nuestro árbol de
componentes que necesiten acceso a los valores del Contexto. El
componente Context.Provider acepta una *prop* value, que es el
valor actual del contexto.

```
1  <MyContext.Provider value={/* algún valor */}>
2    {/* children */}
3  </MyContext.Provider>
```

Todos los componentes hijos del Context.Provider tendrán acceso al valor del contexto.

Esto normalmente lo tendrás que envolver en el componente raíz
de tu aplicación, o en aquella parte de tu *app* dónde tenga sentido
tener acceso a la información que guardes en el contexto.

Context.Consumer

Dentro de los componentes hijos del Context.Provider, podemos
usar el componente Context.Consumer para acceder al valor del
contexto. Aquí hay un ejemplo de cómo se hace:

```
1    <MyContext.Consumer>
2      {value => /* renderiza algo basado en el valor del contexto */}
3    </MyContext.Consumer>
```

Hook useContext

Ya lo introdujimos en los capítulos anteriores, a partir de React versión 16.8, también podemos usar el *Hook* useContext para acceder al valor del contexto. Esto puede hacer que nuestro código sea más limpio y fácil de entender.

Ya lo vimos antes, pero te vuelvo a compartir un ejemplo de como se usa useContext:

```
1    const value = useContext(MyContext);
```

Ejemplo práctico

Vamos a ver un ejemplo práctico de cómo se puede usar la *Context API* para compartir el estado global. Imagina que estamos construyendo una aplicación de comercio electrónico (típica tienda *online*) y queremos compartir la información del carrito de compras entre varios componentes.

Primero, creamos un Context para el carrito de compras:

```
1    const CartContext = React.createContext();
```

Luego, en nuestro componente principal, utilizamos el CartContext.Provider para compartir el estado del carrito de compras:

```
1   function App() {
2     const [cart, setCart] = useState([]);
3
4     return (
5       <CartContext.Provider value={{ cart, setCart }}>
6         {/* otros componentes */}
7       </CartContext.Provider>
8     );
9   }
```

Dentro de otros componentes, podemos usar CartContext.Consumer o useContext para acceder al estado del carrito de compras:

```
1   function Cart() {
2     const { cart } = useContext(CartContext);
3
4     return (
5       <div>
6         {cart.map(item => (
7           <div key={item.id}>{item.name}</div>
8         ))}
9       </div>
10    );
11  }
```

Como puedes ver, la *Context API* proporciona una forma flexible de compartir el estado global en una aplicación React. Sin embargo, también tiene sus limitaciones.

Por ejemplo, puede ser menos eficiente para grandes aplicaciones con muchos cambios de estado, y puede ser más difícil de manejar para estados complejos o lógicas de negocio. Además, el uso excesivo de la *Context API* puede hacer que el código sea más difícil de entender y mantener, ya que el estado se comparte implícitamente a través del árbol de componentes.

A pesar de estas limitaciones, la *Context API* sigue siendo una buena opción para muchos casos de uso, especialmente cuando se trata de compartir datos que no cambian con frecuencia o que no requieren lógicas complejas, como el usuario autenticado actual o el tema preferido.

Creando un Custom Hook para el Contexto

Los *custom hooks* son una potente característica de React que nos permite extraer lógica de los componentes para reutilizarla en diferentes partes de nuestra aplicación. Podemos crear un *custom hook* para nuestro contexto, lo que nos permitirá acceder al valor del contexto y a las funciones asociadas a este de una manera más limpia y reutilizable.

Imaginemos que estamos construyendo una aplicación que permite a los usuarios cambiar el tema entre claro y oscuro. Podríamos tener un `ThemeContext` que almacene el tema actual y una función para cambiarlo. Aquí tienes cómo podríamos definirlo:

```
const ThemeContext = React.createContext();

function ThemeProvider({ children }) {
  const [theme, setTheme] = React.useState('light');

  const toggleTheme = () => {
    setTheme(prevTheme => prevTheme === 'light' ? 'dark' : 'light\
');
  };

  return (
    <ThemeContext.Provider value={{ theme, toggleTheme }}>
```

```
13          {children}
14        </ThemeContext.Provider>
15      );
16    }
```

En este código, `ThemeProvider` es un componente que utiliza el `ThemeContext.Provider` para compartir el estado del tema y la función `toggleTheme` con sus componentes hijos.

Ahora, podríamos crear un *custom hook* llamado `useTheme` que nos permita acceder a este contexto de una manera más sencilla:

```
1    function useTheme() {
2      const context = React.useContext(ThemeContext);
3      if (!context) {
4        throw new Error('useTheme must be used within a ThemeProvider\
5    ');
6      }
7      return context;
8    }
```

Este *custom hook* hace uso del *hook* `useContext` para acceder al `ThemeContext`. Si intentamos usar este *hook* fuera de un `ThemeProvider`, lanzará un error, lo que nos ayuda a evitar errores difíciles de rastrear.

Ahora, en cualquier parte de nuestra aplicación, podemos usar el *hook* `useTheme` para acceder al tema actual y a la función `toggleTheme`, sin tener que importar `ThemeContext` o usar `ThemeContext.Consumer`:

```
1    function ThemedButton() {
2      const { theme, toggleTheme } = useTheme();
3      return (
4        <button
5          style={{ backgroundColor: theme === 'light' ? '#fff' : '#00\
6    0' }}
7          onClick={toggleTheme}
8        >
9          Toggle Theme
10       </button>
11     );
12   }
```

Como puedes ver, el uso de *custom hooks* con la *Context API* puede hacer que nuestro código sea más limpio, más fácil de entender y más reutilizable. Nos permite encapsular la lógica de acceso al contexto en un solo lugar, lo que facilita el mantenimiento y las pruebas de nuestro código.

En el siguiente apartado, exploraremos otra solución popular para la gestión del estado global en React: *Redux*. Esta herramienta puede ser un poco más compleja de entender y usar que la *Context API*, pero ofrece más control y puede ser más eficiente para grandes aplicaciones con muchos cambios de estado.

Redux: Introducción y principios básicos

Redux es una biblioteca de JavaScript para la gestión del estado de las aplicaciones. Aunque se utiliza comúnmente con React, Redux es agnóstico del *framework* y puede utilizarse con cualquier biblioteca o *framework* de JavaScript. Redux se basa en los principios del flujo de datos unidireccional y la inmutabilidad del estado, lo que puede hacer que las aplicaciones sean más predecibles y fáciles de entender. Facebook, en su momento, lo llamó *"Flux Pattern"*.

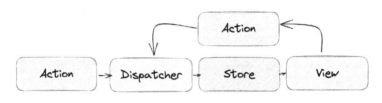

Patrón Flux

Principios básicos de Redux

Redux se basa en tres principios básicos:

1. **El estado de toda tu aplicación se almacena en un árbol de objetos dentro de un único *store*.** Esto hace que sea más fácil de depurar y de inspeccionar, ya que puedes ver todo el estado de tu aplicación en un solo lugar.
2. **El estado es de sólo lectura.** La única forma de cambiar el estado es emitiendo una acción, que es un objeto que describe qué sucedió. Esto asegura que ni los componentes ni las llamadas a la API pueden modificar el estado directamente,

lo que puede hacer que tu aplicación sea más predecible y fácil de entender.

3. **Los cambios se realizan con funciones puras.** Para especificar cómo el estado del árbol se transforma por las acciones, se utilizan *reducers*, que son funciones puras que toman el estado anterior y una acción, y devuelven un nuevo estado.

Store

El *store* es el objeto que almacena el estado de la aplicación, los *reducers* y las acciones. Puedes pensar en el *store* como un contenedor del estado de tu aplicación. Redux proporciona una función `createStore` para crear el *store*. Aquí tienes un ejemplo de cómo se hace esto:

```
import { createStore } from 'redux';
import rootReducer from './reducers';

const store = createStore(rootReducer);
```

En este ejemplo, `rootReducer` es una combinación de diferentes *reducers*, que se explicará más adelante.

Actions

Las acciones son objetos de JavaScript que representan un cambio en el estado de la aplicación. Las acciones deben tener una propiedad `type` que indique el tipo de acción a realizar. Aquí hay un ejemplo de una acción:

```
1   const action = {
2     type: 'ADD_TODO',
3     payload: {
4       id: 1,
5       title: 'Aprender Redux',
6       completed: false
7     }
8   };
```

En este ejemplo, la acción representa el añadido de una nueva tarea.

Reducers

Los *reducers* son funciones que toman el estado actual y una acción, y devuelven un nuevo estado. Los *reducers* deben ser funciones puras, lo que significa que no deben modificar el estado actual, sino que deben devolver un nuevo objeto de estado. Por ejemplo:

```
1   function todosReducer(state = [], action) {
2     switch (action.type) {
3       case 'ADD_TODO':
4         return [...state, action.payload];
5       default:
6         return state;
7     }
8   }
```

En este ejemplo, el *reducer* todosReducer maneja la acción ADD_-
TODO añadiendo la tarea del payload de la acción al estado actual.

Ejemplo práctico

Vamos a ver un ejemplo práctico de cómo se puede usar Redux para gestionar el estado global de una aplicación. Imagina que estamos construyendo una aplicación de lista de tareas. Vamos a reutilizar el código de los ejemplos vistos arriba.

Podríamos tener un *store* que almacene la lista de tareas, una acción para añadir una nueva tarea, y un *reducer* para manejar esta acción.

Primero, definamos la acción para añadir una nueva tarea. En Redux, es común definir funciones llamadas "action creators" que crean las acciones por nosotros:

```
let nextTodoId = 0;

function addTodo(text) {
  return {
    type: 'ADD_TODO',
    payload: {
      id: nextTodoId++,
      text
    }
  };
}
```

En este código, `addTodo` es un *action creator* que crea una acción con el tipo `ADD_TODO` y el texto de la tarea.

A continuación, definamos el *reducer* para manejar esta acción. En este caso, nuestro estado será un *array* de tareas, y cada tarea será un objeto con `id` y `text`:

Podemos usar el mismo código del ejemplo del apartado anterior:

```
1  function todosReducer(state = [], action) {
2    switch (action.type) {
3      case 'ADD_TODO':
4        return [...state, action.payload];
5      default:
6        return state;
7    }
8  }
```

Finalmente, podemos crear el store de Redux y usarlo para manejar el estado de nuestra aplicación:

```
1   import { createStore } from 'redux';
2
3   const store = createStore(todosReducer);
4
5   // Muestra por consola el estado inicial
6   console.log(store.getState());
7
8   // Cada vez que el estado cambia, lo muestra en consola
9   store.subscribe(() => console.log(store.getState()));
10
11  // Despacha algunas acciones
12  store.dispatch(addTodo('Aprender React'));
13  store.dispatch(addTodo('Aprender Redux'));
```

En este código, creamos el *store* de Redux con todosReducer, registramos un *listener* que se ejecuta cada vez que el estado cambia, y despachamos algunas acciones para añadir tareas.

Aquí tienes el código completo del ejemplo para que puedas practicar desde la terminal, usando Node.js

```
1   // Importa Redux
2   const redux = require('redux');
3
4   // Action creator
5   let nextTodoId = 0;
6   function addTodo(text) {
7     return {
8       type: 'ADD_TODO',
9       payload: {
10        id: nextTodoId++,
11        text
12      }
13    };
14  }
15
16  // Reducer
17  const initialState = [];
18  function todosReducer(state = initialState, action) {
19    switch (action.type) {
20      case 'ADD_TODO':
21        return [...state, action.payload];
22      default:
23        return state;
24    }
25  }
26
27  // Crea el store
28  const store = redux.createStore(todosReducer);
29
30  // Log el estado inicial
31  console.log(store.getState());
32
33  // A cada cambio de estado, se esribe en consola
34  store.subscribe(() => console.log(store.getState()));
35
36  // Dispath de las acciones
37  store.dispatch(addTodo('Aprender React'));
```

```
38   store.dispatch(addTodo('Aprender Redux'));
```

Este código hace lo siguiente:

- Importa Redux.
- Define un *action creator* para añadir tareas.
- Define un *reducer* para manejar las acciones de añadir tareas.
- Crea un *store* Redux con el *reducer*.
- Registra un *listener* que se ejecuta cada vez que el estado cambia.
- Despacha algunas acciones para añadir tareas.

Puedes ejecutar este código en un entorno de Node.js después de instalar Redux con `npm install redux`.

La salida que se mostraria en la terminal sería la siguiente:

```
1   []
2   [ { id: 0, text: 'Aprender React' } ]
3   [ { id: 0, text: 'Aprender React' }, { id: 1, text: 'Aprender Red\
4   ux' } ]
```

Esto es lo que sucede:

1. Cuando se crea el *store*, se imprime el estado inicial, que es un *array* vacío (`[]`).
2. Luego, se despacha la acción `addTodo('Aprender React')`, que añade una nueva tarea al estado. El nuevo estado se imprime y es: `[ { id: 0, text: 'Aprender React' } ]`.
3. Después, se despacha la acción `addTodo('Aprender Redux')`, que añade otra tarea al estado. El nuevo estado se imprime y es: `[ { id: 0, text: 'Aprender React' }, { id: 1, text: 'Aprender Redux' } ]`.

Así, puedes ver cómo el estado de la aplicación cambia a medida que se despachan las acciones.

——

Como puedes ver, Redux proporciona una forma estructurada y predecible de manejar el estado global de una aplicación. Sin embargo, también puede ser más complejo y verboso que otras soluciones como la *Context API*.

En el siguiente apartado, exploraremos cómo integrar Redux en una aplicación React y cómo puede ayudarnos a manejar el estado de una manera más eficiente y escalable. También veremos la versión de *Redux Toolkit* que hace más sencillo poder utilizar Redux sin tanto código.

Integración de Redux en un proyecto de React

Ahora mostraré cómo integrar Redux en un proyecto de React desde cero.

Explicaremos cómo configurar el *store* de Redux, cómo conectar componentes de React al *store* y cómo pueden los componentes interactuar con el estado a través de acciones. En lugar de usar la biblioteca Redux tradicional, utilizaremos el proyecto **Redux Toolkit**[14] que simplifica mucho más el código.

Vamos a crear una aplicación de carrito de compras simple utilizando React y Redux.

Creación del proyecto

Primero, necesitamos crear un nuevo proyecto de React. Para ello, utilizaremos Vite, como vimos en el inicio del segundo capítulo. Puedes instalar Vite globalmente y crear un nuevo proyecto de React con los siguientes comandos:

```
1   $ npm install -g create-vite
2   $ create-vite my-app --template react
```

Luego, navega al directorio del proyecto:

```
1   $ cd my-app
```

---

[14]https://redux-toolkit.js.org/

Instalación de dependencias

Necesitaremos Redux para la gestión del estado y `@reduxjs/-toolkit` para simplificar la configuración de Redux. Instala estas dependencias con el siguiente comando:

```
$ npm install redux @reduxjs/toolkit react-redux
```

Creación de archivos

Vamos a crear una estructura de archivos básica para nuestra aplicación. Dentro del directorio `src`, crea los siguientes archivos:

- `src/features/cart/cartSlice.js`: Este archivo contendrá nuestro *slice* de Redux para el carrito de compras. Esto lo explicamos más adelante.
- `src/features/cart/Cart.js`: Este archivo contendrá nuestro componente de carrito de compras.
- `src/App.js`: Este archivo contendrá nuestro componente principal de la aplicación.

Configuración de Redux

Primero, vamos a configurar nuestro *slice* de Redux para el carrito de compra. En `src/features/cart/cartSlice.js`, agrega el siguiente código:

```
1   import { createSlice } from '@reduxjs/toolkit';
2
3   const initialState = [];
4
5   const cartSlice = createSlice({
6     name: 'cart',
7     initialState,
8     reducers: {
9       addToCart: (state, action) => {
10        state.push(action.payload);
11      },
12      removeFromCart: (state, action) => {
13        return state.filter(item => item.id !== action.payload.id);
14      }
15    }
16  });
17
18  export const { addToCart, removeFromCart } = cartSlice.actions;
19
20  export default cartSlice.reducer;
```

En este código, utilizamos createSlice de @reduxjs/toolkit
para crear un slice de Redux para el carrito de compras.

Un slice incluye el *reducer* y las acciones, lo que simplifica
la configuración de Redux. Definimos dos acciones, addToCart
y removeFromCart, que añaden y eliminan artículos del carrito,
respectivamente.

A continuación, vamos a configurar el *store* de Redux. En src/s-
tore.js, agrega el siguiente código:

```
1   import { configureStore } from '@reduxjs/toolkit';
2   import cartReducer from './features/cart/cartSlice';
3
4   export default configureStore({
5     reducer: {
6       cart: cartReducer
7     }
8   });
```

En este código, utilizamos `configureStore` de `@reduxjs/toolkit` para crear el *store* de Redux. Pasamos nuestro `cartReducer` al *store* como un *reducer*.

Creación de los componentes

Ahora, vamos a crear nuestro componente de carrito de compras. En `src/features/cart/Cart.js`, agrega el siguiente código:

```
1   import React from 'react';
2   import { useSelector, useDispatch } from 'react-redux';
3   import { addToCart, removeFromCart } from './cartSlice';
4
5   function Cart() {
6     const cart = useSelector(state => state.cart);
7     const dispatch = useDispatch();
8
9     const handleAddToCart = item => {
10      dispatch(addToCart(item));
11    };
12
13    const handleRemoveFromCart = item => {
14      dispatch(removeFromCart(item));
15    };
16
17    return (
```

```
18      <div>
19        <h2>Shopping Cart</h2>
20        {cart.map(item => (
21          <div key={item.id}>
22            <p>{item.name}</p>
23            <button onClick={() => handleRemoveFromCart(item)}>Elim\
24   inar del carrito</button>
25          </div>
26        ))}
27        <div>
28          <h2>Productos</h2>
29          {['Manzanas', 'Naranjas', 'Plátano'].map((item, index) =>\
30   (
31            <div key={index}>
32              <p>{item}</p>
33              <button onClick={() => handleAddToCart({ id: index, n\
34   ame: item })}>Añadir al carrito</button>
35            </div>
36          ))}
37        </div>
38      </div>
39    );
40  }
41
42  export default Cart;
```

En este código, utilizamos useSelector para seleccionar el estado del carrito de la tienda Redux, y useDispatch para despachar acciones.

Cuando el usuario hace clic en el botón "Add to cart", despachamos la acción addToCart con el artículo. Cuando el usuario hace clic en el botón "Añadir al carrito", despachamos la acción removeFrom-Cart con el artículo.

Finalmente, vamos a utilizar nuestro componente de carrito de compras en nuestro componente principal de la aplicación. En `src/App.js`, agrega el siguiente código:

```
1   import React from 'react';
2   import { Provider } from 'react-redux';
3   import store from './store';
4   import Cart from './features/cart/Cart';
5
6   function App() {
7     return (
8       <Provider store={store}>
9         <Cart />
10      </Provider>
11    );
12  }
13
14  export default App;
```

En este código, utilizamos el componente `Provider` de `react-redux` para proporcionar el store de Redux a nuestra aplicación. Luego, utilizamos nuestro componente `Cart`.

Ejecución y prueba de la aplicación

Ahora, puedes ejecutar tu aplicación con el siguiente comando:

```
1   $ npm run dev
```

Abre tu navegador y ve a `http://localhost:5000` (o el puerto donde se esté ejecutando). Deberías ver tu aplicación de carrito de compras en funcionamiento.

Este es un ejemplo básico de cómo puedes utilizar Redux en una aplicación React. A medida que tu aplicación crece, puedes añadir más *slices* a tu *store* para manejar diferentes partes del estado de tu aplicación.

Comparación de soluciones de manejo de estado

En el mundo de React, existen varias soluciones para manejar el estado global de una aplicación. En este capítulo, hemos explorado en detalle dos de las más populares: *Context API* y *Redux*. Sin embargo, existen otras alternativas que también son dignas de consideración.

A continuación, haremos una breve comparación de estas soluciones.

Context API

La *Context API* es una solución incorporada en React que permite compartir estado y funciones entre componentes sin necesidad de pasar props de forma manual a través de la jerarquía de componentes.

Es fácil de usar y no requiere la instalación de librerías adicionales. Sin embargo, puede ser menos eficiente para grandes aplicaciones con muchos cambios de estado, y puede ser más difícil de manejar para casos de uso más complejos.

Redux

Redux es una librería externa que proporciona un contenedor de estado predecible para aplicaciones JavaScript. Es muy poderoso y flexible, y tiene una gran comunidad y ecosistema de middleware y extensiones.

Sin embargo, Redux puede ser excesivo para aplicaciones pequeñas o sencillas, y su API puede ser un poco complicada para los principiantes. Su versión *Redux Toolkit* mejora esto y lo hace más amigable.

Mobx

MobX[15] es una librería de gestión de estado que se centra en la programación reactiva funcional. Permite escribir código minimalista y libre de *boilerplate*.

MobX es muy eficiente en cuanto a rendimiento y ofrece una gran libertad de arquitectura, permitiendo manejar el estado de la aplicación fuera de cualquier *framework* de interfaz de usuario. Esto hace que tu código sea desacoplado, portátil y, sobre todo, fácilmente testeable.

Jotai

Jotai[16] toma un enfoque atómico para la gestión del estado global de React. Puedes construir el estado combinando "átomos" y los *renders* se optimizan automáticamente basándose en la dependencia de los átomos.

Esto resuelve el problema de *re-renderizado* extra del contexto de React y elimina la necesidad de *memoización*. *Jotai* escala desde un simple reemplazo de *useState* hasta una aplicación TypeScript empresarial con requisitos complejos.

Zustand

Zustand[17] es una solución de gestión de estado pequeña, rápida y escalable. *Zustand* tiene una API cómoda basada en *hooks*. No es

---

[15]https://mobx.js.org/README.html
[16]https://jotai.org/
[17]https://docs.pmnd.rs/zustand/getting-started/introduction

boilerplate y no es "opinionado", pero tiene suficiente convención para ser explícito y parecido a *Flux*.

Aunque es sencillo, Zustand ha dedicado mucho tiempo a lidiar con problemas comunes, como el temido problema del "*zombie child*", la concurrencia de React, y la pérdida de contexto entre renderizadores mixtos.

Conclusión

La elección de la solución de manejo de estado depende en gran medida de las necesidades específicas de tu proyecto. Para aplicaciones pequeñas o proyectos con requisitos sencillos, la *Context API* o *Zustand* pueden ser suficientes.

Para aplicaciones más grandes o complejas, es posible que desees considerar *Redux* o *MobX*.

Jotai, por otro lado, ofrece un enfoque atómico que puede ser útil para ciertos casos de uso. En última instancia, la mejor solución es la que mejor se adapta a tus necesidades y te resulta más cómoda de usar.

Referencias

- Porcello, E., & Banks, A. (2020). *Learning React: Modern Patterns for Developing React Apps*. O'Reilly Media.
- Porcello, E., & Banks, A. (2017). *Learning React: Functional Web Development with React and Redux*. O'Reilly Media.
- Abramov, D., & Clark, M. (2016). *Redux Documentation*. https://redux.js.org/
- Facebook. (2023). *Pasar datos en profundidad con contexto*. https://es.react.dev/learn/passing-data-deeply-with-context
- Michel Weststrate. (2020). *MobX Documentation*. https://mobx.js.org/README.html
- Daishi Kato. (2021). *Jotai Documentation*. https://jotai.org/
- Poimandres. (2021). *Zustand Documentation*. https://docs.pmnd.rs/zustand

Capítulo 5: React Router y Navegación

Introducción

En este capítulo, nos centraremos en un aspecto crucial de cualquier aplicación web moderna: La navegación entre diferentes pantallas, vistas o páginas dentro de un mismo sitio web.

En particular, exploraremos cómo *React Router* puede ayudarnos a manejar la navegación en nuestras aplicaciones React.

Pero antes de sumergirse en React Router, es importante entender el contexto en el que se utiliza. Específicamente, necesitamos entender la diferencia entre una "aplicación de página única" (SPA o *Single Page Application*) y una aplicación de "renderizado del lado del servidor" (SSR o *Server-Side Rendering*).

SPA vs SSR

Una SPA, o *Single Page Application,* es una aplicación web que carga una sola página HTML y luego actualiza dinámicamente esa página a medida que el usuario interactúa con la aplicación. En lugar de enviar una nueva solicitud al servidor cada vez que el usuario navega a una nueva página, una SPA simplemente actualiza la página actual en el navegador del usuario. Esto puede hacer que las SPAs sean más rápidas y proporcionar una experiencia de usuario más fluida. También se conoce como *client-side rendering* (CSR o renderizado del lado del cliente).

Por otro lado, una aplicación de renderizado del lado del servidor (SSR), como su nombre indica, genera el contenido de la página en el servidor cada vez que se solicita una nueva página. Esto puede ser beneficioso para el SEO, ya que los motores de búsqueda pueden rastrear el contenido de la página más fácilmente. Sin embargo, puede resultar en tiempos de carga más lentos y una experiencia de usuario menos fluida en comparación con una SPA.

Enrutamiento en SPA vs SSR

El enrutamiento es el proceso de determinar cómo responder a una solicitud de un cliente a una determinada ruta (o URL). En una aplicación SSR, cada vez que el usuario navega a una nueva página, el servidor genera y devuelve una nueva página HTML. En una SPA, sin embargo, el enrutamiento se maneja completamente en el cliente. Cuando el usuario navega a una nueva página, la SPA simplemente actualiza la página actual en lugar de solicitar una nueva página al servidor.

React Router es una biblioteca que nos permite manejar el enrutamiento en nuestras aplicaciones React de una manera que es eficiente y fácil de entender. En los siguientes apartados, aprenderemos cómo instalar y configurar React Router, cómo crear rutas y manejar el enrutamiento dinámico, y cómo navegar de forma programática entre páginas.

Es importante recordar que, aunque React Router es una herramienta muy útil, no es la única opción para el enrutamiento en React. Al final de este capítulo, también exploraremos algunas alternativas a *React Router* como *Wouter*.

Ahora que hemos establecido el contexto, estamos listos para sumergirnos en React Router.

Instalación y configuración

Para comenzar a utilizar React Router, primero debemos instalarlo en nuestro proyecto. React Router se distribuye a través de *npm* (*Node Package Manager*), por lo que podemos instalarlo fácilmente con el comando npm install.

Abre tu terminal y navega hasta el directorio de tu proyecto React. Luego, ejecuta el siguiente comando:

```
1   $ npm install react-router-dom
```

Este comando instalará React Router y agregará una entrada en tu archivo package.json, indicando que React Router es una dependencia de tu proyecto.

Una vez que hayas instalado React Router, puedes comenzar a usarlo en tu aplicación. Para hacerlo, necesitarás importar los componentes que proporciona React Router. Los más comunes son BrowserRouter, Routes, Route y Link.

Aquí tienes un ejemplo de cómo podrías configurar React Router en tu aplicación:

```
1   import React from 'react';
2   import { BrowserRouter as Router, Routes, Route, Link } from 'rea\
3   ct-router-dom';
4
5   function App() {
6     return (
7       <Router>
8         <div>
9           <nav>
10            <ul>
```

```
11              <li>
12                <Link to="/">Home</Link>
13              </li>
14              <li>
15                <Link to="/about">About</Link>
16              </li>
17              <li>
18                <Link to="/users">Users</Link>
19              </li>
20            </ul>
21          </nav>
22          <Routes>
23            <Route path="/" exact component={Home} />
24            <Route path="/about" component={About} />
25            <Route path="/users" component={Users} />
26          </Routes>
27        </div>
28      </Router>
29    );
30  }
31
32  export default App;
```

En este ejemplo, BrowserRouter (alias Router) es un componente que envuelve nuestra aplicación y la dota de la funcionalidad de enrutamiento. Link es un componente que nos permite crear enlaces a diferentes rutas en nuestra aplicación, y Route es un componente que nos permite definir las diferentes rutas de nuestra aplicación.

En el siguiente apartado, profundizaremos en cómo crear rutas y manejar el enrutamiento dinámico con *React Router*.

Creación de rutas y enrutado dinámico

Ahora que hemos instalado y configurado React Router, podemos comenzar a definir rutas en nuestra aplicación. Como vimos en el ejemplo anterior, utilizamos el componente Route para definir una ruta. Cada Route tiene una *prop* path que determina la URL de la ruta, y una *prop* component que determina el componente que se renderizará cuando se visite esa ruta.

```
1   <Route path="/about" component={About} />
```

En este ejemplo, cuando un usuario visita la URL /about, React Router renderizará el componente About.

Enrutamiendo dinámico

Hasta ahora, hemos estado definiendo rutas estáticas. Sin embargo, a menudo necesitaremos definir rutas dinámicas, es decir, rutas que dependen de algún tipo de parámetro. Por ejemplo, podríamos tener una ruta para mostrar el perfil de un usuario, y la URL de esa ruta podría depender del ID del usuario.

Para definir una ruta dinámica, podemos incluir un parámetro en la *prop* path de nuestro componente Route. Los parámetros se definen con dos puntos (:) seguidos del nombre del parámetro.

```
1   <Route path="/users/:userId" component={UserProfile} />
```

En este ejemplo, :userId es un parámetro. Cuando un usuario visita una URL como "/users/123", React Router renderizará el componente UserProfile, y el valor del parámetro userId será "123".

Dentro de nuestro componente `UserProfile`, podemos acceder al valor del parámetro `userId` utilizando el *hook* `useParams` que proporciona React Router.

```
import { useParams } from 'react-router-dom';

function UserProfile() {
  const { userId } = useParams();
  // Ahora puedes usar el userId para cargar datos del usuario, e\
tc.
}
```

En el siguiente apartado, aprenderemos sobre la navegación programática, es decir, cómo cambiar de ruta mediante código en lugar de hacer clic en un enlace.

Navegación programática

Hasta ahora, hemos estado navegando entre rutas utilizando el componente `Link` que proporciona React Router. Sin embargo, a veces necesitaremos cambiar de ruta programáticamente, es decir, mediante código. Por ejemplo, podríamos querer redirigir al usuario a una página diferente después de que envíe un formulario.

React Router nos proporciona el *hook* `useHistory` para este propósito. `useHistory` nos da acceso al historial de navegación, que podemos usar para navegar a diferentes rutas.

Aquí tienes un ejemplo de cómo podríamos usar `useHistory` para redirigir al usuario a la ruta principal / después de enviar datos a través de un formulario:

```
1  import { useHistory } from 'react-router-dom';
2
3  function Form() {
4    const history = useHistory();
5
6    const handleSubmit = () => {
7      // Simula el envío del formulario
8      // ...
9
10     // Redirige al usuario a la página de inicio
11     history.push('/');
12   };
13
14   return (
15     <form onSubmit={handleSubmit}>
16       {/* Campos del formulario */}
17       <button type="submit">Enviar</button>
18     </form>
19   );
20 }
```

Es importante tener en cuenta que `history.push` agrega una nueva entrada al historial de navegación. Esto significa que si el usuario presiona el botón de retroceso en su navegador, volverá a la página del formulario. Si en cambio quieres reemplazar la entrada actual en el historial de navegación (es decir, si no quieres que el usuario pueda volver a la página del formulario), puedes usar `history.replace` en lugar de `history.push`.

```
1  history.replace('/');
```

Novedades en React Router v6

El cambio principal en la versión 6 de React Router es que ahora se basa en componentes y *hooks*, en lugar de utilizar la configuración de rutas como un objeto. Esto permite un enrutamiento más dinámico y flexible. Además, la *History API* del DOM se utiliza para gestionar la pila de historial y actualizar la URL, lo que permite una mejor integración con las características nativas del navegador.

Aquí está el ejemplo anterior actualizado a la versión 6 de React Router:

```
import * as React from 'react';
import * as ReactDOM from 'react-dom';
import { createBrowserRouter, RouterProvider, Route, Link } from \
'react-router-dom';

function Home() {/* Componente Home */}

function About() {/* Componente About */}

function Users() {/* Componente Users */}

const routes = [
  {
    path: "/",
    element: <Home />,
  },
  {
    path: "/about",
    element: <About />,
  },
  {
    path: "/users",
    element: <Users />,
```

```
24     },
25   ];
26
27   const router = createBrowserRouter(routes);
28
29   function App() {
30     return (
31       <RouterProvider router={router}>
32         <nav>
33           <ul>
34             <li>
35               <Link to="/">Home</Link>
36             </li>
37             <li>
38               <Link to="/about">About</Link>
39             </li>
40             <li>
41               <Link to="/users">Users</Link>
42             </li>
43           </ul>
44         </nav>
45       </RouterProvider>
46     );
47   }
48
49   ReactDOM
50     .createRoot(document.getElementById('root'))
51     .render(<App />);
```

En este código, primero importamos los componentes necesarios
de react-router-dom. Luego, definimos nuestros componentes de
ejemplo para las rutas (Home, About, Users).

Después, creamos un *array* de objetos de ruta, donde cada objeto
tiene un path y un element. El path es la ruta en la URL y el
element es el componente que se renderizará cuando se visite esa

ruta.

Luego, creamos un router utilizando createBrowserRouter y pasamos nuestras rutas como argumento.

Finalmente, en nuestro componente App, utilizamos RouterProvider para proporcionar el router a nuestra aplicación. Dentro de RouterProvider, definimos nuestros enlaces utilizando el componente Link y nuestras rutas utilizando el componente Route.

Este cambio a un enfoque basado en componentes y *hooks* hace que React Router sea más coherente con el resto de la biblioteca React y permite un enrutamiento más dinámico y flexible.

Si queremos utilizar rutas dinámicas, haremos uso de los loaders que incorporan en la nueva versión.

```
createBrowserRouter([
  {
    // Define una ruta que incluye un parámetro
    // de ruta dinámico `userId`
    path: "/users/:userId",

    // La función `loader` se utiliza para
    // cargar datos basados en los parámetros
    // de ruta
    loader: ({ params }) => {

      // Aquí, `params.userId` se refiere al
      // `userId` en la URL
      // `getUser` es una función hipotética
      // que carga los datos del usuario basado
      // en el `userId`
      return getUser(params.userId);
    },
  },
]);
```

En este ejemplo, si visitas la URL /users/123, React Router v6 llamará a la función loader con { params: { userId: '123' } }. Luego, la función getUser se llama con 123 como argumento para cargar los datos del usuario correspondiente.

Esto es útil cuando necesitas cargar diferentes datos basados en la URL. Por ejemplo, podrías tener una página de perfil de usuario que carga diferentes datos de usuario basados en el ID de usuario en la URL.

Hasta aquí llega nuestra exploración de React Router. En el siguiente apartado, veremos algunas alternativas a React Router.

Alternativas a React Router

Aunque React Router es una de las bibliotecas más populares para el enrutamiento en aplicaciones React, existen otras alternativas que podrían ser más adecuadas dependiendo de las necesidades específicas de tu proyecto. A continuación, te presento tres de ellas: *Wouter*, *React Navigation* y *Next Router*.

Wouter

Wouter[18] es una biblioteca de enrutamiento más minimalista para *React* y *Preact*. Su API es muy similar a la de React Router, pero con una diferencia clave: No tiene dependencia del *Context* de React. Esto significa que Wouter es más ligero y más rápido que React Router, aunque puede que no tenga todas las características avanzadas que ofrece este último.

Aquí tienes un ejemplo de cómo se ve el enrutamiento con Wouter:

```
1  import { Switch, Route } from "wouter";
2
3  function App() {
4    return (
5      <Switch>
6        <Route path="/" component={Home} />
7        <Route path="/about" component={About} />
8      </Switch>
9    );
10 }
```

Y para el caso de rutas dinámicas sería algo así:

---

[18]https://github.com/molefrog/wouter

```
1   import { Switch, Route } from "wouter";
2
3   function App() {
4     return (
5       <Switch>
6         <Route path="/users/:userId">
7           {(params) => <div>Hello, {params.userId}!</div>}
8         </Route>
9       </Switch>
10    );
11  }
```

React Navigation

React Navigation[19] es una solución de enrutamiento para aplicaciones móviles creadas con React Native. Aunque se sale del ámbito de este libro, es importante mencionarlo ya que es una de las soluciones más populares para el enrutamiento en aplicaciones móviles construidas con esta herramienta.

React Navigation proporciona una serie de navegadores incorporados que ofrecen una experiencia fluida y lista para usar. Además, es completamente personalizable, lo que significa que si sabes cómo escribir aplicaciones usando JavaScript, puedes personalizar cualquier parte de React Navigation.

Esto sería un ejemplo muy básico de React Navigation, utilizando dos *screens*:

---

[19]https://reactnavigation.org/

```
1  import { NavigationContainer } from '@react-navigation/native';
2  import { createNativeStackNavigator } from '@react-navigation/nat\
3  ive-stack';
4
5  const Stack = createNativeStackNavigator();
6
7  function App() {
8    return (
9      <NavigationContainer>
10       <Stack.Navigator>
11         <Stack.Screen name="Home" component={HomeScreen} />
12         <Stack.Screen name="Profile" component={ProfileScreen} />
13       </Stack.Navigator>
14     </NavigationContainer>
15   );
16 }
```

Next Router

Next Router[20] es la solución de enrutamiento integrada en Next.js, un *framework* popular para aplicaciones React con renderizado en el servidor (SSR).

Al igual que React Navigation, Next Router se sale del ámbito de este libro, pero vale la pena mencionarlo debido a su popularidad. Next Router se basa en el concepto de "páginas": cuando se agrega un archivo al directorio de páginas (*pages*), está automáticamente disponible como una ruta. También soporta rutas dinámicas, lo que te permite agregar parámetros personalizados a tus URL.

Cada una de estas bibliotecas tiene sus propias ventajas y desventajas, y la elección entre ellas dependerá de las necesidades específicas de tu proyecto. Te recomiendo que explores cada una de ellas para determinar cuál es la mejor opción para ti.

---

[20]https://nextjs.org/docs/pages/building-your-application/routing

Conclusión

En este capítulo, hemos explorado en profundidad el enrutamiento en React utilizando React Router. Comenzamos con una introducción a las aplicaciones de única página (SPA) y el renderizado del lado del servidor (SSR), y cómo el enrutamiento funciona en cada una de ellas. Luego, nos adentramos en la instalación y configuración de React Router, la creación de rutas estáticas y dinámicas, y la navegación programática.

Además, hemos explorado algunas alternativas a React Router, como Wouter, React Navigation y Next Router, cada una con sus propias ventajas y desventajas. Independientemente de la biblioteca que elijas para el enrutamiento en tu aplicación React, el objetivo es el mismo: proporcionar una experiencia de usuario fluida y eficiente.

Esperamos que este capítulo te haya proporcionado una comprensión sólida del enrutamiento en React y cómo puedes utilizar React Router para manejar la navegación en tus aplicaciones. Con estos conocimientos, estás bien equipado para construir aplicaciones React más complejas y robustas.

En el próximo capítulo, cambiaremos de marcha y nos centraremos en un aspecto diferente pero igualmente importante de las aplicaciones React: los estilos. Aprenderemos sobre las diferentes formas de añadir estilos a tu aplicación React, desde CSS en JS hasta módulos CSS y styled-components.

Referencias

- Banks, A., y Porcello, E. (2020). *Learning React: Modern Patterns for Developing React Apps*. O'Reilly Media.
- Freeman, E., Robson, E., Nash, C. (2014). *Head First HTML5 Programming: Building Web Apps with JavaScript*. O'Reilly Media.
- Sorhus, S. (2021). *React Router: Declarative Routing for React.js. React Training.* https://reactrouter.com/
- Molefrog. (2021). *Wouter: A minimalist-friendly ~1KB routing for React and Preact.* GitHub. https://github.com/molefrog/wouter
- Expo, Software Mansion, y Callstack. (2021). *React Navigation: Routing and navigation for your React Native apps*. React Navigation. https://reactnavigation.org/
- Vercel. (2021). *Next.js Routing: The Pages Router.* Next.js. https://nextjs.org/docs/pages/ building-your-application/routing

Capítulo 6: Estilos y diseño

Introducción

En este capítulo, exploraremos cómo React.js maneja los estilos y el diseño. React, siendo una biblioteca de JavaScript, ofrece varias formas de aplicar estilos CSS a los componentes. Aunque JavaScript y CSS son tecnologías distintas, React ha encontrado formas de combinarlas de manera efectiva para proporcionar una experiencia de desarrollo más fluida.

Formas de usar CSS en React

En el desarrollo web tradicional, los estilos CSS se aplican a los elementos HTML a través de hojas de estilo externas, etiquetas de estilo internas o atributos de estilo en línea. Sin embargo, en React, tenemos más opciones. Aquí están las formas más comunes de aplicar estilos en React:

1. **Estilos en línea:** React permite aplicar estilos en línea (*CSS inline*) a los componentes utilizando un objeto JavaScript. Los nombres de las propiedades CSS se convierten en *camelCase* en lugar de *kebab-case* (por ejemplo, `backgroundColor` en lugar de `background-color`).

```
const styleObject = {
  backgroundColor: 'blue',
  color: 'white'
};

function MyComponent() {
  return <div style={styleObject}>Hello, world!</div>;
}
```

2. **Hojas de estilo CSS externas:** Al igual que en el desarrollo web tradicional, puedes vincular una hoja de estilo CSS externa a tu componente React. Aquí se aplicarían las reglas de cascada de CSS. Puedes importarlo en cualquier fichero, incluso en un posible `index.js`, importar ahi todos ficheros CSS. Pero por mantenibilidad es recomendable tenerlo lo más cerca posible del componente.

```
1  // Fichero: MyComponent.jsx
2  import './MyComponent.css';
3
4  function MyComponent() {
5    return <div className="my-component">Hello, world!</div>;
6  }
```

3. CSS Modules: Los módulos CSS son una extensión de la idea de hojas de estilo CSS externas. Permiten que los estilos se apliquen solo al componente que los importa, evitando así el problema de la colisión de nombres de clases.

```
1  import styles from './MyComponent.module.css';
2
3  function MyComponent() {
4    return <div className={styles.myComponent}>Hello, world!</div>;
5  }
```

4. Styled-components y CSS en JS: Las bibliotecas como `styled-components` permiten definir componentes con estilos adjuntos utilizando JavaScript. Este enfoque combina los estilos y el componente en una sola entidad, lo que puede hacer que el código sea más legible y manejable.

```
1  import styled from 'styled-components';
2
3  const StyledDiv = styled.div`
4    background-color: blue;
5    color: white;
6  `;
7
8  function MyComponent() {
9    return <StyledDiv>Hello, world!</StyledDiv>;
10 }
```

Cada uno de estos métodos tiene sus ventajas y desventajas, y la elección entre ellos dependerá de tus necesidades específicas. En los siguientes apartados, profundizaremos en cada uno de estos métodos, y también exploraremos cómo utilizar *Grid* y *Flexbox* en React, cómo crear diseños responsive y adaptativos, y cómo integrar bibliotecas de componentes UI en tus proyectos de React.

CSS Modules

CSS Modules es una metodología que permite encapsular los estilos a nivel de componente, evitando así los problemas de colisión de nombres de clases y la propagación de estilos no deseados. Con *CSS Modules*, cada archivo de estilos se convierte en un módulo que exporta un objeto de estilos que puedes usar en tu componente.

Cómo usar CSS Modules

Para usar *CSS Modules* en un proyecto de React, debes seguir los siguientes pasos:

1. **Crear un archivo de estilos**: Crea un archivo de estilos con la extensión `.module.css`. Por ejemplo, si tienes un componente llamado `Button`, puedes crear un archivo de estilos llamado `Button.module.css`.

```css
/* Button.module.css */
.button {
  background-color: blue;
  color: white;
  padding: 10px 20px;
  border: none;
  border-radius: 5px;
  cursor: pointer;
}
```

2. **Importar el archivo de estilos**: Importa el archivo de estilos en tu componente utilizando la sintaxis de importación de ES6. El archivo de estilos se importará como un objeto JavaScript.

```
1   import styles from './Button.module.css';
```

3. **Usar los estilos en tu componente**: Puedes usar los estilos importados en tu componente como si fueran un objeto JavaScript. Los nombres de las clases se convierten en las propiedades del objeto.

```
1   function Button() {
2     return <button className={styles.button}>Click me</button>;
3   }
```

Ventajas de CSS Modules

1. **Encapsulamiento de estilos**: Con *CSS Modules*, los estilos de un componente no afectarán a otros componentes. Esto evita los problemas de colisión de nombres de clases y la propagación de estilos no deseados.
2. **Reutilización de nombres de clases**: Puedes usar el mismo nombre de clase en diferentes archivos de estilos sin tener que preocuparte por las colisiones de nombres.
3. **Compatibilidad con CSS existente**: *CSS Modules* utiliza CSS estándar, por lo que no tienes que aprender una nueva sintaxis.

Inconvenientes de CSS Modules

1. **No es CSS en JS**: A diferencia de las soluciones de "CSS en JS" como `styled-components`, *CSS Modules* no te permite definir estilos dinámicos basados en las *props* de los componentes.

2. **No es parte del estándar de CSS**: *CSS Modules* es una extensión de CSS y no es parte de su estándar. Esto significa que no todos los entornos de desarrollo admiten *CSS Modules* de forma predeterminada.

3. **No es tan escalable**: Para proyectos más grandes, puede ser más difícil gestionar y organizar los archivos de estilos.

Como resumen, *CSS Modules* es una gran opción si quieres encapsular los estilos a nivel de componente y evitar los problemas de colisión de nombres de clases. Sin embargo, si necesitas estilos dinámicos basados en las *props* de los componentes, es posible que desees considerar una solución de "CSS en JS" como `styled-components`.

CSS en JS: Styled-components y otras soluciones

"CSS en JS" es una técnica que permite escribir CSS directamente dentro de JavaScript. Esta técnica ha ganado popularidad en la comunidad de React debido a su capacidad para proporcionar estilos dinámicos y encapsulados a nivel de componente. Existen varias bibliotecas de "CSS en JS", pero en este apartado nos centraremos en una de las más populares: `styled-components`.

Cómo usar Styled-components

Para usar `styled-components` en un proyecto de React, debes seguir los siguientes pasos:

1. **Instalar styled-components**: Puedes instalar styled-components en tu proyecto utilizando *npm*.

```
$ npm install styled-components
```

2. **Crear un componente estilizado**: Utiliza la función `styled` de `styled-components` para crear un componente estilizado. Puedes escribir CSS normal dentro de un *Template Literal* de JavaScript.

```
1   import styled from 'styled-components';
2
3   const Button = styled.button`
4     background-color: blue;
5     color: white;
6     padding: 10px 20px;
7     border: none;
8     border-radius: 5px;
9     cursor: pointer;
10  `;
```

3. Usar el componente estilizado: Puedes usar el componente estilizado como cualquier otro componente de React.

```
1   function App() {
2     return <Button>Click me</Button>;
3   }
```

Otras funcionalidades de styled-components

Una de las características de styled-components es la posibilidad de crear estilos dinámicos en base a las *props* que pasemos a los componentes. De esta forma puedes crear componentes más versátiles.

Veamos un ejemplo:

```
 1  // Crear un componente de botón
 2  const Button = styled.button`
 3    /* Proporcionamos algunos estilos básicos */
 4    background: palevioletred;
 5    color: white;
 6    font-size: 1em;
 7    margin: 1em;
 8    padding: 0.25em 1em;
 9    border: 2px solid palevioletred;
10    border-radius: 3px;
11
12    /* Adaptamos los estilos basados en las props */
13    ${props => props.primary && css`
14      background: white;
15      color: palevioletred;
16    `}
17  `;
18
19  // Uso del componente
20  render(
21    <div>
22      <Button>Normal</Button>
23      <Button primary>Primario</Button>
24    </div>
25  );
```

En este ejemplo, el botón cambiará su estilo si se le pasa la *prop* primary. Si primary es true, el botón tendrá un fondo blanco y el texto será de color palevioletred.

Ahora, veamos cómo extender los estilos de un componente.

```
1   // Crear un componente de botón
2   const Button = styled.button`
3     color: palevioletred;
4     font-size: 1em;
5     margin: 1em;
6     padding: 0.25em 1em;
7     border: 2px solid palevioletred;
8     border-radius: 3px;
9   `;
10
11  // Extender el componente Button para crear un componente TomatoB\
12  utton
13  const TomatoButton = styled(Button)`
14    color: tomato;
15    border-color: tomato;
16  `;
17
18  // Uso de los componentes
19  render(
20    <div>
21      <Button>Button</Button>
22      <TomatoButton>Tomato Button</TomatoButton>
23    </div>
24  );
```

En este ejemplo, TomatoButton es una extensión de Button, pero con un color y un borde de color tomato.

Estos son solo dos ejemplos de lo que puedes hacer con *Styled Components*. Te recomiendo que consultes la documentación oficial[21] para explorar más a fondo sus posibilidades.

---

[21]https://styled-components.com/docs

Ventajas de styled-components

1. **Estilos dinámicos:** Con styled-components, puedes definir estilos dinámicos basados en las *props* de los componentes.

```
1  const Button = styled.button`
2    background-color: ${props => props.primary ? 'blue' : 'white'};
3    color: ${props => props.primary ? 'white' : 'blue'};
4  `;
5
6  <Button primary>Primary Button</Button>
7  <Button>Secondary Button</Button>
```

2. **Encapsulamiento de estilos:** Al igual que con *CSS Modules*, los estilos de un componente estilizado no afectarán a otros componentes.
3. **Eliminación automática de CSS no utilizado:** *Styled-components* elimina automáticamente el CSS que no se utiliza, lo que puede ayudar a reducir el tamaño de tu *bundle* de JavaScript.

Inconvenientes de styled-components

1. **Rendimiento:** *Styled-components* puede ser más lento que otras soluciones de CSS debido a su naturaleza dinámica.
2. **Necesidad de aprender una nueva biblioteca:** Aunque styled-components utiliza CSS estándar, todavía necesitas aprender cómo funciona la biblioteca.
3. **No es CSS estándar:** Aunque styled-components utiliza CSS estándar, los estilos se definen dentro de JavaScript, lo que puede ser confuso para los desarrolladores que están acostumbrados a trabajar con archivos de estilos separados.

Resumiendo todo, `styled-components` es una buena opción si necesitas estilos dinámicos y encapsulados a nivel de componente. Sin embargo, si prefieres trabajar con archivos de estilos separados y no necesitas estilos dinámicos, es posible que prefieras una solución como *CSS Modules*.

Grid y Flexbox en React

Flexbox en React

Flexbox es un modelo de diseño CSS que nos permite diseñar interfaces de usuario flexibles y eficientes.

En React, puedes usar Flexbox de la misma manera que lo harías en CSS puro. Aquí te muestro un ejemplo de cómo puedes usar Flexbox en un componente de React:

```jsx
import React from 'react';
import './App.css'; // Asegúrate de importar tu archivo CSS

function App() {
  return (
    <div className="flex-container">
      <div className="flex-item">1</div>
      <div className="flex-item">2</div>
      <div className="flex-item">3</div>
    </div>
  );
}

export default App;
```

Y en tu archivo CSS:

```css
1   .flex-container {
2     display: flex;
3     justify-content: space-around;
4   }
5
6   .flex-item {
7     background-color: lightblue;
8     padding: 20px;
9     margin: 10px;
10  }
```

En este ejemplo, `flex-container` es el contenedor, `flex` y `flex-item` son los elementos `flex`. Los elementos se distribuyen uniformemente en el contenedor gracias a la propiedad `justify-content: space-around`.

Grid en React

CSS Grid es otro modelo de diseño que permite a los desarrolladores crear interfaces de usuario complejas y adaptables.

Al igual que Flexbox, puedes usar CSS Grid en React de la misma manera que lo harías en CSS puro. Aquí tienes otro ejemplo:

```jsx
1   import React from 'react';
2   import './App.css'; // Asegúrate de importar tu archivo CSS
3
4   function App() {
5     return (
6       <div className="grid-container">
7         <div className="grid-item">1</div>
8         <div className="grid-item">2</div>
9         <div className="grid-item">3</div>
10        <div className="grid-item">4</div>
11        <div className="grid-item">5</div>
```

```
12          <div className="grid-item">6</div>
13      </div>
14    );
15  }
16
17  export default App;
```

Y en tu archivo CSS:

```
1   .grid-container {
2     display: grid;
3     grid-template-columns: repeat(3, 1fr);
4     gap: 10px;
5   }
6
7   .grid-item {
8     background-color: lightblue;
9     padding: 20px;
10    text-align: center;
11  }
```

En este ejemplo, `grid-container` es el contenedor de la cuadrícula y `grid-item` son los elementos de la cuadrícula. La propiedad `grid-template-columns: repeat(3, 1fr);` crea tres columnas de igual tamaño, y *gap*: `10px`; establece un espacio de `10px` entre los elementos de la cuadrícula.

Flexbox y Grid con Styled-Components

Puedes usar Flexbox y CSS Grid con *Styled Components* en React. Aquí te muestro algunos ejemplos:

```
1    import styled from 'styled-components';
2
3    const FlexContainer = styled.div`
4      display: flex;
5      justify-content: space-around;
6    `;
7
8    const FlexItem = styled.div`
9      background-color: lightblue;
10     padding: 20px;
11     margin: 10px;
12   `;
13
14   function App() {
15     return (
16       <FlexContainer>
17         <FlexItem>1</FlexItem>
18         <FlexItem>2</FlexItem>
19         <FlexItem>3</FlexItem>
20       </FlexContainer>
21     );
22   }
23
24   export default App;
```

En este ejemplo, `FlexContainer` es el contenedor `flex` y `FlexItem` son los elementos `flex`. Los elementos se distribuyen uniformemente en el contenedor gracias a la propiedad `justify-content: space-around`.

Ahora, veamos cómo puedes usar CSS Grid con *Styled Components*. Crearemos un contenedor de cuadrícula y algunos elementos de cuadrícula.

```
1   import styled from 'styled-components';
2
3   const GridContainer = styled.div`
4     display: grid;
5     grid-template-columns: repeat(3, 1fr);
6     gap: 10px;
7   `;
8
9   const GridItem = styled.div`
10    background-color: lightblue;
11    padding: 20px;
12    text-align: center;
13  `;
14
15  function App() {
16    return (
17      <GridContainer>
18        <GridItem>1</GridItem>
19        <GridItem>2</GridItem>
20        <GridItem>3</GridItem>
21        <GridItem>4</GridItem>
22        <GridItem>5</GridItem>
23        <GridItem>6</GridItem>
24      </GridContainer>
25    );
26  }
27
28  export default App;
```

En este ejemplo, GridContainer es el contenedor de la cuadrícula y GridItem son los elementos de la cuadrícula. La propiedad grid-template-columns: repeat(3, 1fr); crea tres columnas de igual tamaño, y *gap*: 10px; establece un espacio de 10px entre los elementos de la cuadrícula.

Estos son solo dos ejemplos de cómo puedes usar Flexbox y CSS

Grid con *Styled Components* en React. Te animo a que experimentes con estas herramientas y veas cómo puedes usarlas para crear diseños de interfaz de usuario complejos y adaptables.

Diseño responsive y adaptativo

El diseño *responsive* y adaptativo son dos enfoques para hacer que las interfaces de usuario se vean y funcionen bien en una variedad de dispositivos y tamaños de pantalla.

El diseño *responsive* utiliza CSS y HTML para redimensionar, ocultar, reducir o aumentar un sitio web, para que se vea bien en todos los dispositivos (escritorio, *tablet, smartphone*, etc.). Un diseño *responsive* se "ajusta" dependiendo del tamaño de la pantalla.

Con *Styled Components*, puedes usar las funciones de las *media queries* para hacer que tus componentes sean *responsive*. Aquí te muestro un ejemplo de cómo puedes hacerlo:

```
1   import styled from 'styled-components';
2
3   const ResponsiveDiv = styled.div`
4     width: 100%;
5     padding: 20px;
6     background-color: lightblue;
7
8     /* Cambiar el color de fondo en pantallas pequeñas */
9     @media (max-width: 600px) {
10      background-color: lightcoral;
11    }
12  `;
13
14  function App() {
15    return <ResponsiveDiv>Hola, mundo!</ResponsiveDiv>;
16  }
17
18  export default App;
```

En este ejemplo, ResponsiveDiv cambiará su color de fondo a lightcoral en pantallas que tengan un ancho máximo de 600px.

El diseño adaptativo, por otro lado, utiliza varias versiones de un sitio web que están personalizadas para diferentes tamaños de pantalla. Un diseño adaptativo "se adapta" a la pantalla en la que se está viendo.

Con React y *Styled Components*, puedes usar el estado y los eventos del ciclo de vida de los componentes para cambiar el diseño de tus componentes en función del tamaño de la pantalla. Aquí te muestro un ejemplo de cómo puedes hacer un componente adaptativo con React y *Styled Components*:

```
1   import { useState, useEffect } from 'react';
2   import styled from 'styled-components';
3
4   const AdaptiveDiv = styled.div`
5     width: 100%;
6     padding: 20px;
7     background-color: ${props => props.isMobile ? 'lightcoral' : 'l\
8   ightblue'};
9   `;
10
11  function App() {
12    const [isMobile, setIsMobile] = useState(window.innerWidth <= 6\
13  00);
14
15    useEffect(() => {
16      const handleResize = () => setIsMobile(window.innerWidth <= 6\
17  00);
18      window.addEventListener('resize', handleResize);
19
20      return () => window.removeEventListener('resize', handleResiz\
21  e);
22    }, []);
23
24    return (
25      <AdaptiveDiv isMobile={isMobile}>
```

```
26          Hola, mundo!
27      </AdaptiveDiv>
28    );
29  }
30
31  export default App;
```

En este ejemplo, `AdaptiveDiv` cambiará su color de fondo a `lightcoral` si se está viendo en una pantalla de teléfono móvil (un ancho de pantalla de `600px` o menos).

Estos son solo dos ejemplos de cómo puedes hacer que tus componentes de React sean *responsive* y adaptativos con *Styled Components*.

Te animo a que experimentes con estas técnicas y veas cómo puedes usarlas para mejorar la experiencia de usuario en diferentes dispositivos y tamaños de pantalla.

Integración de bibliotecas de componentes UI

Las librerías de componentes UI son conjuntos de componentes predefinidos que puedes usar para acelerar el desarrollo de tus aplicaciones. Estas bibliotecas proporcionan una amplia gama de componentes, desde botones y formularios hasta barras de navegación y modales, todos con estilos y funcionalidades ya implementadas.

En React, hay varias bibliotecas de componentes UI populares que puedes usar. Aquí te presento algunas de las más populares:

Material UI

Material-UI[22] es una de las bibliotecas de componentes UI más populares para React. Implementa el diseño *Material Design* de Google y proporciona una amplia gama de componentes predefinidos.

Para usar *Material UI*, primero debes instalarlo en tu proyecto junto a un par de dependencias:

```
$ npm install @mui/material @emotion/react @emotion/styled
```

Luego, puedes importar y usar los componentes de *Material-UI* que necesites en tu aplicación:

```
import React from 'react';
import Button from "@mui/material/Button";

function App() {
  return <Button color="primary">Hola, mundo!</Button>;
}

export default App;
```

Ant Design

Ant Design[23] es otro conjunto de componentes UI popular para React. Proporciona una amplia gama de componentes de alta calidad que siguen los principios de diseño de *Ant Design*.

Para usar *Ant Design*, primero debes instalarla en tu proyecto:

---

[22]https://mui.com/
[23]https://ant.design/

```
1   $ npm install antd
```

Una vez instalada, ya puedes hacer uso de sus componentes.

```
1    import { Button, Space } from 'antd';
2    const App = () => (
3      <Space wrap>
4        <Button type="primary">Primary Button</Button>
5        <Button>Default Button</Button>
6        <Button type="dashed">Dashed Button</Button>
7        <Button type="text">Text Button</Button>
8        <Button type="link">Link Button</Button>
9      </Space>
10   );
11   export default App;
```

Chakra UI

Y ahora te muestro mi favorita. Para usar Chakra UI[24] en tu proyecto React, primero necesitas instalarlo. Puedes hacerlo con npm
y el siguiente comando para instalar otro conjunto de dependencias
necesarias:

```
1    $ npm install @chakra-ui/react @emotion/react @emotion/styled fra\
2    mer-motion
```

Además, necesitas envolver tu aplicación con el ChakraProvider
en tu archivo principal (normalmente index.js o App.js):

---

[24]https://chakra-ui.com/

```
1   import * as React from "react";
2   import { ChakraProvider } from "@chakra-ui/react";
3   import App from './App';
4
5   function Main() {
6     return (
7       <ChakraProvider>
8         <App />
9       </ChakraProvider>
10    );
11  }
12
13  export default Main;
```

Ahora, puedes empezar a usar los componentes de *Chakra UI* en tu aplicación. Aquí tienes un ejemplo de cómo puedes usar un botón y una caja de *Chakra UI*:

```
1   import React from 'react';
2   import { Box, Button } from '@chakra-ui/react';
3
4   function App() {
5     return (
6       <Box padding="4" bg="gray.100">
7         <Button colorScheme="teal">Hola, mundo!</Button>
8       </Box>
9     );
10  }
11
12  export default App;
```

En este ejemplo, Box es un componente de caja flexible que puedes usar para construir tus diseños. Button es un componente de botón que puedes personalizar con la *prop* colorScheme.

Chakra UI también proporciona una amplia colección de otros componentes, como formularios, modales, alertas y más.

Te animo a que explores la documentación de Chakra UI[25] para ver todos los componentes y características que ofrece.

Otras bibliotecas de componentes UI

Además de *Material-UI, Ant Design* o *Chakra*, hay muchas otras bibliotecas de componentes UI que puedes usar con React. Algunas de las más populares incluyen:

- **Semantic UI React**[26]: Una biblioteca de componentes UI que sigue los principios de diseño de *Semantic UI.*
- **React Bootstrap**[27]: Una versión de *Bootstrap* específicamente diseñada para React.
- **Grommet**[28]: *Grommet* es una biblioteca de componentes UI para React que se centra en la accesibilidad y la responsividad. Proporciona una amplia gama de componentes, desde controles de entrada y navegación hasta visualizaciones y utilidades.

Estas son sólo algunas de las muchos conjuntos de componentes UI disponibles para React. Te animo a que explores estas y otras librerías para ver cuál se adapta mejor a tus necesidades.

---

[25]https://chakra-ui.com/docs/getting-started
[26]https://react.semantic-ui.com/
[27]https://react-bootstrap.github.io/
[28]https://v2.grommet.io/

Conclusión

En este capítulo, hemos explorado en profundidad cómo manejar los estilos y el diseño en React. Hemos comenzado con una introducción a las diferentes formas de aplicar estilos CSS en React.

Luego, hemos profundizado en *CSS Modules* y `styled-components`, discutiendo sus ventajas, inconvenientes y proporcionando ejemplos de código para cada uno. Hemos explorado cómo utilizar *Grid* y *Flexbox* en React para crear diseños de interfaz de usuario complejos y responsivos. Finalmente, hemos discutido cómo integrar bibliotecas de componentes UI en tus proyectos de React, presentando algunas de las más populares.

Con estos conocimientos, ahora deberías ser capaz de crear interfaces de usuario atractivas y *responsive* en React que se vean y funcionen bien en una variedad de dispositivos y tamaños de pantalla.

En el próximo capítulo, cambiaremos de enfoque y nos adentraremos en cómo consumir APIs externas desde React. Aprenderemos cómo hacer solicitudes HTTP a APIs externas, cómo manejar las respuestas y los errores, y cómo utilizar los datos de las APIs para alimentar nuestros componentes de React.

Referencias

- Meyer, E. (2017). *CSS: The Definitive Guide: Visual Presentation for the Web.* O'Reilly Media.
- Frain, B. (2017). *Responsive Web Design with HTML5 and CSS.* Packt Publishing.
- Hampton-Smith, S. (2016). *Pro CSS3 Layout Techniques.* Apress.
- Mozilla Contributors. (2023). *CSS: Cascading Style Sheets. MDN Web Docs.* https://developer.mozilla.org/en-US/docs/Web/CSS
- Epps, H. (2023). *A Complete Guide to Flexbox.* CSS-Tricks. https://css-tricks.com/snippets/css/a-guide-to-flexbox/
- Epps, H. (2023). *A Complete Guide to Grid.* CSS-Tricks. https://css-tricks.com/snippets/css/complete-guide-grid/
- Styled-components. (2023). *Documentation.* Styled-components. https://styled-components.com/docs
- Material-UI. (2023). *Getting Started.* Material-UI. https://material-ui.com/getting-started/installation/
- Ant Design. (2023). *Introduction.* Ant Design. https://ant.design/docs/react/introduce
- Chakra UI. (2023). *Getting Started.* Chakra UI. https://chakra-ui.com/docs/getting-started

Capítulo 7: Consumo de APIs y comunicación con el Servidor

Introducción

En una aplicación web moderna, la comunicación con servidores es también una parte esencial. Ya sea para obtener datos, enviar datos, autenticar usuarios, o realizar cualquier otra operación, las aplicaciones web necesitan interactuar con los servidores. En este capítulo, vamos a explorar cómo podemos hacer esto en una aplicación React.

React.js, como biblioteca de interfaz de usuario, no tiene una forma incorporada de interactuar con los servidores. Sin embargo, gracias a la flexibilidad de JavaScript y a la amplia gama de bibliotecas disponibles, tenemos varias formas de realizar estas operaciones.

En este capítulo, vamos a explorar cuatro formas diferentes de interactuar con los servidores desde una aplicación React:

- Usando la API *Fetch* incorporada de forma nativa en JavaScript.
- Usando la biblioteca *Axios*.
- Creando un *Custom Hook* para realizar peticiones HTTP.
- Usando la biblioteca *React Query* (o *TanStack Query*).

Cada uno de estos métodos tiene sus propias ventajas e inconvenientes, y la elección de uno sobre otro puede depender de las necesidades específicas de tu proyecto. También discutiremos cómo manejar errores y el estado de carga, y cómo implementar un sistema de autenticación y autorización.

Antes de continuar, es importante tener un buen entendimiento de JavaScript y de cómo funciona la comunicación HTTP y la asincronía. Si necesitas repasar estos conceptos, te recomiendo que leas el capítulo correspondiente en mi libro, *Aprendiendo JavaScript*[29].

---

[29]https://carlosazaustre.es/libros/aprendiendo-javascript

Ahora, comencemos con el primer método: el uso de Fetch y Axios para realizar peticiones HTTP.

Fetch y Axios: Realizar peticiones HTTP

Fetch

Fetch es una API incorporada en la mayoría de los navegadores modernos que se utiliza para hacer peticiones HTTP. Está basada en *Promesas*, lo que significa que puedes usar .then y .catch para manejar las respuestas y los errores que devuelve.

Aquí tienes un ejemplo básico de cómo puedes usar *Fetch* para obtener datos de una API:

```
1  fetch('https://jsonplaceholder.typicode.com/todos/')
2    .then(response => response.json())
3    .then(data => console.log(data))
4    .catch(error => console.error('Error:', error));
```

En este ejemplo, fetch hace una petición GET a la URL proporcionada. Cuando la respuesta es recibida, la convertimos a JSON con response.json(), y luego imprimimos los datos en la consola. Si ocurre un error en cualquier punto del proceso, lo capturamos con .catch y lo imprimimos en la consola.

Axios

Axios es una biblioteca de JavaScript que se puede usar para hacer peticiones HTTP. A diferencia de *Fetch*, *Axios* tiene una API más rica y es compatible con navegadores más antiguos. También tiene algunas características adicionales, como la capacidad de cancelar peticiones y de establecer un tiempo de espera.

Debido a esto, es bastante utilizada.

Aquí tienes un ejemplo de cómo puedes usar *Axios* para obtener datos de una API:

```
1  import axios from 'axios';
2
3  axios.get('https://jsonplaceholder.typicode.com/todos/')
4    .then(response => console.log(response.data))
5    .catch(error => console.error('Error:', error));
```

En este ejemplo, `axios.get` hace una petición `GET` a la URL proporcionada. Cuando la respuesta es recibida, imprimimos los datos en la consola. Si ocurre un error en cualquier punto del proceso, lo capturamos y lo imprimimos en la consola.

Tanto *Fetch* como *Axios* pueden ser usados para hacer peticiones HTTP de cualquier tipo (`GET`, `POST`, `PUT`, `DELETE`, etc.) y para enviar y recibir datos en varios formatos, incluyendo JSON, texto plano, y `FormData`. La elección entre *Fetch* y *Axios* puede depender de tus necesidades específicas y de tus preferencias personales.

Uso en React

En React, las peticiones HTTP suelen realizarse en el ciclo de vida del componente, específicamente en el método `componentDid-Mount` para los componentes de clase, o en el *Hook* `useEffect` para los componentes funcionales.

Veamos un ejemplo de código de cómo se hace esto con *Axios* (Recuerda que con *Fetch* es bastante similar):

```
1    import React, { useState, useEffect } from 'react';
2
3    function ExampleComponent() {
4      const [data, setData] = useState(null);
5
6      useEffect(() => {
7        fetch('https://api.example.com/data')
8          .then(response => response.json())
9          .then(data => setData(data))
10         .catch(error => console.error('Error:', error));
11     }, []);
12
13     return (
14       <div>
15         {
16           data
17             ? data.map(item => <div key={item.id}>{item.name}</div>)
18             : 'Loading...'
19         }
20       </div>
21     );
22   }
23
24   export default ExampleComponent;
```

En este ejemplo, usamos el Hook useState para crear un estado para los datos, y el *Hook* useEffect para realizar la petición HTTP cuando el componente se monta. Cuando los datos son recibidos, los guardamos en el estado con setData, y luego los mostramos en el renderizado del componente.

es importante recordar que las peticiones HTTP son operaciones asíncronas, lo que significa que los datos no estarán disponibles inmediatamente. Por eso, inicializamos el estado con null y mostramos 'Loading...' hasta que los datos sean recibidos.

Creando un custom Hook para peticiones HTTP

Como vimos en capítulos anteriores, los *Custom Hooks* son una característica muy potente de React que nos permite extraer la lógica del componente en funciones reutilizables. En este caso, vamos a crear un *Custom Hook* llamado useHttp para manejar las peticiones HTTP con *Fetch*.

Este *Hook* manejará tres estados: isLoading, error y data. El estado isLoading será true mientras la petición esté en curso, error contendrá cualquier error que ocurra durante la petición, y data contendrá los datos recibidos.

Además, este *Hook* realizará peticiones de tipo GET. Para ello el *Hook* recibe como argumento url, que es la URL a la que se hará la petición.

Aquí tienes el código del *Hook*:

```
1   import { useState, useEffect } from 'react';
2
3   export const useHttp = (url) => {
4     const [isLoading, setIsLoading] = useState(false);
5     const [data, setData] = useState(null);
6     const [error, setError] = useState(null);
7
8     useEffect(() => {
9       setIsLoading(true);
10      setError(null)
11      fetch(url)
12        .then(response => {
13          if (!response.ok) {
14            setError('Failed to fetch.');
15            throw new Error('Failed to fetch.');
16          }
```

```
17        return response.json();
18      })
19      .then(data => {
20        setIsLoading(false);
21        setError(null);
22        setData(data);
23      })
24      .catch(err => {
25        setError(err);
26        setIsLoading(false);
27      });
28    }, [url]);
29
30    return { isLoading, error, data };
31  };
```

Ahora, puedes usar este *Hook* en tus componentes para realizar peticiones HTTP de tipo GET sin tener que usar useState y useEffect. Aquí tienes un ejemplo de cómo puedes implementarlo en tu aplicación para obtener datos de una API:

```
1  import { useHttp } from "./useHttp";
2
3  function App() {
4    const { isLoading, error, data } = useHttp(
5        "https://jsonplaceholder.typicode.com/todos"
6    );
7
8    return (
9      <div className="App">
10         <h1>Todo List</h1>
11         { isLoading && <p>Loading...</p> }
12         { error && <p>Error: {error}</p> }
13         { !isLoading && data && (
14           <ul>
15             {data.map((todo) => (
```

```
16    )                        <li key={todo.id}>{todo.title}</li>
17                    )))}
18                  </ul>
19            )}
20          </div>
21      );
22  }
23
24  export default App;
```

En este ejemplo, usamos el *Hook* useHttp para obtener los estados que necesitamos y realizar la petición GET cuando el componente se monta. Finalmente, mostramos los datos, un mensaje de carga, o un mensaje de error en el renderizado del componente, dependiendo del estado de la petición.

Este *Custom Hook* es una herramienta muy útil que puedes reutilizar en diferentes partes de tu aplicación para manejar las peticiones HTTP de una manera más eficiente y ordenada. Y lo mejor es que lo puedes reutilizar en cualquier parte de tu código dónde hagas peticiones de este tipo.

Para realizar una petición POST, Si queremos reutilizar, necesitamos modificar un poco el *Custom Hook* useHttp. los *Hooks* de React deben seguir ciertas reglas y no pueden ser llamados condicionalmente o dentro de funciones. En lugar de eso, podemos modificar el *Hook* useHttp para que devuelva una función que pueda ser llamada cuando sea necesario. Aquí está el código modificado:

```
1   import { useState, useCallback } from 'react';
2
3   export const useHttp = () => {
4     const [isLoading, setIsLoading] = useState(false);
5     const [data, setData] = useState(null);
6     const [error, setError] = useState(null);
7
8     const sendRequest = useCallback(
9       async (url, method = 'GET', body = null) => {
10        setIsLoading(true);
11        setError(null);
12        try {
13          const response = await fetch(url, {
14            method: method,
15            body: body ? JSON.stringify(body) : null,
16            headers: body ? { 'Content-Type': 'application/json' } \
17  : {},
18          });
19
20          if (!response.ok) {
21            throw new Error('Request failed!');
22          }
23
24          const data = await response.json();
25          setData(data);
26        } catch (err) {
27          setError(err.message || 'Something went wrong!');
28        }
29        setIsLoading(false);
30      }, []
31    );
32
33    return { isLoading, data, error, sendRequest };
34  };
```

En este caso, el *Hook* useHttp devuelve una función sendRequest que puede ser llamada para realizar una petición HTTP. Esta función es envuelta en useCallback para evitar recreaciones innecesarias.

Aquí tienes un ejemplo de cómo puedes usar este *Hook* para realizar una petición POST cuando se envían datos desde un formulario:

```
import { useState } from "react";
import { useHttp } from "./useHttp";

function App() {
  const [title, setTitle] = useState("");
  const [completed, setCompleted] = useState(false);
  const { isLoading, error, data, sendRequest } = useHttp();

  const handleSubmit = (event) => {
    event.preventDefault();
    sendRequest(
      "https://jsonplaceholder.typicode.com/todos",
      "POST",
      { title, completed }
    );
  };

  return (
    <div className="App">
      <h1>Create Todo</h1>
      <form onSubmit={handleSubmit}>
        <label>
          Title:
          <input
            type="text"
            value={title}
            onChange={(e) => setTitle(e.target.value)}
          />
        </label>
        <label>
          Completed:
          <input
```

```
33                 type="checkbox"
34                 checked={completed}
35                 onChange={(e) => setCompleted(e.target.checked)}
36               />
37             </label>
38             <button type="submit">Create</button>
39           </form>
40           {isLoading && <p>Loading...</p>}
41           {error && <p>Error: {error}</p>}
42           {!isLoading && data && <p>Todo created with ID: {data.id}</\
43   p>}
44         </div>
45       );
46   }
47
48   export default App;
```

En este ejemplo, usamos el *Hook* useHttp para obtener los estados y la función sendRequest. Cuando el formulario se envía, llamamos a sendRequest con la URL, el método 'POST', y los datos del formulario. Finalmente, mostramos un mensaje de carga, un mensaje de error, o el ID del *ToDo* creado, dependiendo del estado de la petición.

Por supuesto, esta es una forma de las muchas que existen y que puedes emplear para realizar esta petición.

podrías utilizar otro *Custom Hook* diferente para las peticiones de tipos POST Y PUT, por ejemplo.

Pero, en lugar de seguir extendiendo este ejemplo, vamos a pasar a explicar una biblioteca que tiene una gran aceptación, se trata de *TanStack Query* (o *React Query*)

React Query (TanStack Query)

React Query, ahora conocida como *TanStack Query*[30], es una biblioteca que se describe como la herramienta de obtención de datos que faltaba para las aplicaciones web. En términos más técnicos, facilita la obtención, almacenamiento en caché, sincronización y actualización del estado del servidor en tus aplicaciones web.

En un inicio, sólo podía usarse con React, pero en su cambio de nombre a *TanStack* ahora se puede utilizar en *Vanilla JS*, TypeScript, Vue, Svelte, Solid y React.

Origen y evolución a TanStack Query

La mayoría de los *frameworks* web principales no vienen con una forma "opinada" de obtener o actualizar datos de manera holística. Debido a esto, los desarrolladores terminanos construyendo *metaframeworks* que encapsulan opiniones estrictas sobre la obtención de datos, o inventamos nuestras propias formas de obtener datos, como el *Custom hook* que vimos en el ejemplo anterior.

Esto generalmente significa juntar el estado y los efectos secundarios basados en componentes, o usar bibliotecas de gestión de estado de propósito general para almacenar y proporcionar datos asíncronos en sus aplicaciones.

React Query surgió como una solución a estos problemas, proporcionando una forma eficiente y efectiva de manejar el estado del servidor. Con el tiempo, la biblioteca ha evolucionado y ahora se conoce como *TanStack Query*.

---

[30]https://tanstack.com/query/latest

Uso del Hook useQuery

TanStack Query proporciona dos *Hooks* principales para interactuar con tus APIs: useQuery y useMutation.

useQuery es un *Hook* que puedes usar para obtener datos de tu API. Vendría a ser como el *Custom Hook* useHttp que hicimos anteriormente, pero con super-vitaminas.

Aquí tienes un ejemplo de código de como se usa:

```
import { QueryClient, QueryClientProvider, useQuery } from '@tans\
tack/react-query'

const queryClient = new QueryClient()

export default function App() {
  return (
    <QueryClientProvider client={queryClient}>
      <ExampleComponent />
    </QueryClientProvider>
  )
}

function ExampleComponent() {
  const { isLoading, error, data } = useQuery({
    queryKey: ['repoData'],
    queryFn: () =>
      fetch('https://api.github.com/repos/tannerlinsley/react-que\
ry')
        .then(
          (res) => res.json(),
        ),
  })

  if (isLoading) return 'Loading...'
  if (error) return 'An error has occurred: ' + error.message
```

```
27
28    return (
29      <div>
30        <h1>{data.name}</h1>
31        <p>{data.description}</p>
32        <strong>□ {data.subscribers_count}</strong>{' '}
33        <strong>□ {data.stargazers_count}</strong>{' '}
34        <strong>□ {data.forks_count}</strong>
35      </div>
36    )
37  }
```

Ahora te explico más en detalle que hace el código anterior.

- **Importa TanStack Query**: Primero, importamos `QueryClient`, `QueryClientProvider` y `useQuery` de `@tanstack/react-query`. `QueryClient` es una clase que se utiliza para configurar y compartir una instancia de cliente de consulta entre tus componentes. `QueryClientProvider` es un componente que proporciona el cliente de consulta a tus componentes a través del contexto de React. `useQuery` es el *Hook* que utilizaremos para obtener datos de nuestra API.

- **Creando el cliente de consulta**: Creamos una nueva instancia de `QueryClient` y la proporcionamos a nuestros componentos a través de `QueryClientProvider`. Esto nos permite utilizar `useQuery` en cualquier componente hijo.

- **Usando useQuery**: Dentro de nuestro componente `Example-Component`, utilizamos el *Hook* `useQuery` para obtener datos de la API de GitHub. `useQuery` recibe un objeto con dos propiedades: `queryKey` y `queryFn`.

  - **queryKey**: Es un identificador único para la consulta. *TanStack Query* utiliza esta clave para almacenar en caché los datos de la consulta y para invalidar, *refetch*, o actualizar los datos de la consulta en el futuro. En este caso, estamos utilizando la cadena 'repoData' como nuestra clave de consulta.

- **queryFn**: Es una función que devuelve una promesa que eventualmente resuelve los datos que queremos. En este caso, estamos utilizando *fetch* para obtener los datos del mismo repositorio de *React Query* en GitHub.

• **Manejando el estado de la consulta**: useQuery devuelve un objeto con varios campos que representan el estado actual de la consulta. En este caso, estamos utilizando isLoading, error, y data.

- **isLoading**: Es true mientras la consulta está en progreso y false una vez que se ha completado o ha fallado.

- **error**: Es null a menos que la consulta haya fallado, en cuyo caso será el error que se produjo durante la consulta.

- **data**: Son los datos obtenidos de la consulta. Es undefined hasta que la consulta se completa con éxito.

Finalmente, en función del estado de la consulta, mostramos un mensaje de carga, un mensaje de error, o los datos obtenidos de la API.

Uso del Hook useMutation

El *Hook* useMutation es otro componente esencial de *TanStack Query*. Este *Hook* te permite realizar mutaciones (es decir, crear, actualizar o eliminar datos) en tu API.

Aquí tienes un ejemplo de uso:

```
1    import { useMutation } from '@tanstack/react-query'
2
3    function App() {
4      const mutation = useMutation({
5        mutationFn: (newTodo) => fetch('/api/todos', {
6          method: 'POST',
7          body: JSON.stringify(newTodo),
8        }), {
9        onSuccess: () => {
10         queryClient.invalidateQueries({ queryKey: ['todos'] })
11       });
12
13       return (
14         <div>
15           {mutation.isLoading ? (
16             'Añadiendo tarea...'
17           ) : (
18             <>
19               {mutation.isError ? (
20                 <div>Un Error ocurrió: {mutation.error.message}</di\
21    v>
22               ) : null}
23
24               {mutation.isSuccess ? <div>Tarea Añadida!</div> : nul\
25    l}
26
27               <button
28                 onClick={() => {
29                   mutation.mutate({
30                     id: new Date(),
31                     title: 'Aprender React'
32                   })
33                 }}
34               >
35                 Crear Tarea
36               </button>
37             </>
```

```
38            )}
39         </div>
40     );
41 }
```

- **Importa useMutation:** Primero, importamos useMutation de @tanstack/react-query. useMutation es el *Hook* que utilizaremos para realizar mutaciones en nuestra API.
- **Usando useMutation:** Dentro de nuestro componente App, utilizamos el *Hook* useMutation para crear un nuevo *ToDo* en nuestra API. useMutation recibe dos argumentos: Una función de mutación y un objeto de opciones.
  - **Función de mutación:** Esta es una función que realiza la mutación. En este caso, estamos utilizando fetch para enviar un nuevo *ToDo* a nuestra API. La función de mutación puede ser cualquier función que devuelva una promesa.
  - **Objeto de opciones:** Este es un objeto que puede contener varias opciones para configurar el comportamiento de la mutación. En este caso, estamos utilizando la opción onSuccess para invalidar y volver a buscar las consultas 'todos' cuando la mutación se realiza con éxito.
- **Realizando la mutación:** Para realizar la mutación, llamamos al método mutate en el objeto devuelto por useMutation. Pasamos los datos que queremos enviar a nuestra API como argumento a mutate.
- **Manejando el estado de la mutación:** useMutation devuelve un objeto con varios campos que representan el estado actual de la mutación. En este caso, estamos utilizando isLoading, error, y data.
  - **isLoading:** Es true mientras la mutación está en progreso y fal'se una vez que se ha completado o ha fallado.

- **error**: Es `null` a menos que la mutación haya fallado, en cuyo caso será el error que se produjo durante la mutación.
- **data**: Son los datos obtenidos de la mutación. Es `undefined` hasta que la mutación se completa con éxito.

Finalmente, en función del estado de la mutación, mostramos un mensaje de carga, un mensaje de error, o los datos obtenidos de la API.

Manejo de errores y estado de carga

Vamos a dedicar un apartado a ver como se maneja el estado de carga y la gestión de errores ya que son aspectos cruciales de cualquier aplicación que interactúa con una API.

Afortunadamente, tanto *Fetch*, *Axios*, como *TanStack Query* proporcionan herramientas para manejar estos aspectos de manera eficiente.

Manejo de errores

Cuando realizamos una petición a una API, siempre existe la posibilidad de que algo salga mal. La red podría estar caída, el servidor podría estar sobrecargado, o podríamos haber proporcionado datos incorrectos. Por lo tanto, es importante manejar estos errores de manera adecuada.

En el caso de *Fetch* y *Axios*, estos lanzarán una excepción si ocurre un error de red, pero no si la petición se realiza con éxito pero el servidor devuelve un código de estado de error HTTP. Por lo tanto, debemos comprobar el código de estado nosotros mismos:

```
// Ejemplo con Fetch
fetch('https://api.github.com/repos/tannerlinsley/react-query')
  .then(response => {
    if (!response.ok) {
      throw new Error('Network response was not ok');
    }
    return response.json();
  })
  .catch(error => console.error('There has been a problem with yo\
ur fetch operation: ', error));
```

```
1   // Ejemplo con Axios
2   axios.get('https://api.github.com/repos/tannerlinsley/react-query\
3   ')
4     .then(response => {
5       if (response.status !== 200) {
6         throw new Error('Server response was not ok');
7       }
8       return response.data;
9     })
10    .catch(error => console.error('There has been a problem with yo\
11  ur axios operation: ', error));
```

En el caso de *TanStack Query*, el manejo de errores es aún más sencillo. Si ocurre un error durante la consulta o la mutación, *TanStack Query* lo capturará automáticamente y lo pondrá a nuestra disposición a través del campo error del objeto devuelto por useQuery o useMutation:

```
1   // Ejemplo con TanStack Query
2   const { isLoading, error, data } = useQuery('repoData', fetchRepo\
3   Data);
4
5   if (error) {
6     return <div>Un error ocurrió: {error.message}</div>
7   }
```

Estado de carga

Además del manejo de errores, también es importante proporcionar *feedback* al usuario sobre el estado de carga de la petición. De nuevo, *Fetch*, *Axios* y *TanStack Query* nos proporcionan las herramientas para hacer esto.

En el caso de *Fetch* y *Axios*, podemos establecer una variable de estado antes de iniciar la petición y actualizarla cuando la petición se complete:

```
1   // Ejemplo con Fetch
2   const [isLoading, setIsLoading] = useState(true);
3
4   useEffect(() => {
5     fetch('https://api.github.com/repos/tannerlinsley/react-query')
6       .then(response => response.json())
7       .then(data => {
8         setData(data);
9         setIsLoading(false);
10      });
11  }, []);
```

```
1   // Ejemplo con Axios
2   const [isLoading, setIsLoading] = useState(true);
3
4   useEffect(() => {
5     axios.get('https://api.github.com/repos/tannerlinsley/react-que\
6   ry')
7       .then(response => {
8         setData(response.data);
9         setIsLoading(false);
10      });
11  }, []);
```

En el caso de *TanStack Query*, el estado de carga se maneja automáticamente y se pone a nuestra disposición a través del campo isLoading del objeto devuelto por useQuery o useMutation:

```
1  // Ejemplo con TanStack Query
2  const { isLoading, error, data } = useQuery('repoData', fetchRepo\
3  Data);
4
5  if (isLoading) {
6    return <div>Loading...</div>
7  }
```

Estos son solo ejemplos básicos. En una aplicación real, probablemente querrías proporcionar un *feedback* más detallado al usuario, como mostrar un *spinner* de carga, deshabilitar ciertos controles durante la carga, o mostrar mensajes de error detallados.

Autenticación y autorización

La autenticación y la autorización son aspectos muy importantes de la seguridad en las aplicaciones web.

La autenticación se refiere al proceso de verificar la identidad de un usuario, mientras que la autorización se refiere al proceso de verificar los permisos de un usuario.

Implementación de la autenticación y la autorización en React

En una aplicación React, puedes implementar la autenticación y la autorización utilizando un API como *backend*. Aquí tienes un ejemplo básico de cómo puedes hacerlo:

1. **Autenticación**: Cuando un usuario intenta iniciar sesión, envías sus credenciales (como su nombre de usuario y contraseña) a tu API. Si las credenciales son correctas, tu API devuelve un token de autenticación.

```
const login = async (username, password) => {
  const response = await fetch('/api/login', {
    method: 'POST',
    headers: { 'Content-Type': 'application/json' },
    body: JSON.stringify({ username, password }),
  });
  const data = await response.json();

  if (response.ok) {
    return data.token;
  } else {
```

```
12      throw new Error(data.message);
13    }
14  };
```

2. **Almacenamiento del token**: Almacenas el token de autenticación en el estado de tu aplicación (o en el almacenamiento
local del navegador) para poder utilizarlo en futuras peticiones.

```
1   const [token, setToken] = useState(null);
2
3   const handleLogin = async (username, password) => {
4     try {
5       const token = await login(username, password);
6       setToken(token);
7     } catch (error) {
8       console.error('Login failed:', error.message);
9     }
10  };
```

3. **Uso del token**: Cuando realizas una petición a tu API que
requiere autenticación, incluyes el token de autenticación en el
encabezado Authorization de la petición.

```
1   const fetchPrivateData = async (token) => {
2     const response = await fetch('/api/private', {
3       headers: { Authorization: `Bearer ${token}` },
4     });
5
6     if (response.ok) {
7       return response.json();
8     } else {
9       throw new Error('Failed to fetch private data');
10    }
11  };
```

4. **Autorización:** En tu API (*Backend*), verificas el token de autenticación y compruebas los permisos del usuario antes de procesar la petición. Si el token es inválido o el usuario no tiene los permisos necesarios, devuelves un código de estado de error HTTP.

Almacenamiento del token en el Web Storage

La *Web Storage API* proporciona dos mecanismos para almacenar datos en el navegador del usuario: localStorage y sessionStorage.

Ambos mecanismos son similares en que permiten almacenar pares de *clave-valor* y tienen una capacidad de almacenamiento mucho mayor que las *cookies*. La principal diferencia entre ellos es que localStorage persiste los datos entre las sesiones del navegador, mientras que sessionStorage los borra cuando se cierra la ventana o la pestaña del navegador.

Aquí tienes un ejemplo de cómo puedes almacenar el token de autenticación en localStorage:

```
1   const handleLogin = async (username, password) => {
2     try {
3       const token = await login(username, password);
4       localStorage.setItem('token', token);
5     } catch (error) {
6       console.error('Login failed:', error.message);
7     }
8   };
```

Y aquí tienes un ejemplo de cómo puedes recuperar el token de localStorage:

```
1   const token = localStorage.getItem('token');
```

Implementación de un Custom Hook para el manejo del token

Podemos encapsular la lógica de almacenamiento y recuperación del token en un *Custom Hook* para reutilizarla en diferentes partes de nuestra aplicación. Aquí tienes un ejemplo de cómo podrías hacerlo:

```
1   import { useState, useEffect } from 'react';
2
3   const useToken = () => {
4     const [token, setToken] = useState(null);
5
6     useEffect(() => {
7       const storedToken = localStorage.getItem('token');
8       if (storedToken) {
9         setToken(storedToken);
10      }
11    }, []);
12
```

```
13    const saveToken = (newToken) => {
14      localStorage.setItem('token', newToken);
15      setToken(newToken);
16    };
17
18    return {token, saveToken};
19  };
20
21  export default useToken;
```

En este *Hook*, utilizamos useState para almacenar el token en el estado del componente y useEffect para recuperar el token de localStorage cuando se monta el componente. También proporcionamos una función saveToken que almacena el token en localStorage y actualiza el estado del componente.

Aquí tienes un ejemplo de cómo podrías usar este *Hook* en tu componente de inicio de sesión:

```
1   import useToken from './useToken';
2
3   const Login = () => {
4     const { token, saveToken } = useToken();
5
6     const handleLogin = async (username, password) => {
7       try {
8         const newToken = await login(username, password);
9         saveToken(newToken);
10      } catch (error) {
11        console.error('Login failed:', error.message);
12      }
13    };
14
15    // ...
16  };
```

Con este *Hook*, puedes manejar el token de autenticación de manera eficiente y reutilizar la lógica de almacenamiento y recuperación del token en diferentes partes de tu aplicación.

Soluciones de autenticación y autorización de terceros

Si bien puedes implementar tu propio sistema de autenticación y autorización, existen varias soluciones de terceros que pueden facilitarte la tarea. Estas soluciones proporcionan APIs y bibliotecas que puedes utilizar para autenticar y autorizar usuarios sin tener que escribir mucho código.

Algunas de estas soluciones incluyen:

- **Auth0**: Auth0[31] es un servicio de autenticación y autorización que proporciona una API y una biblioteca de JavaScript que puedes utilizar para autenticar y autorizar usuarios en tu aplicación React.
- **Firebase Auth**: Firebase Auth[32] es un servicio de autenticación proporcionado por Firebase, un producto de Google. Proporciona una API y una biblioteca de JavaScript que puedes utilizar para autenticar usuarios con varios métodos, incluyendo correo electrónico y contraseña, Google, Facebook, GitHub y más.
- **NextAuth.js**: NextAuth.js[33] es una biblioteca de autenticación para Next.js, un *framework* de React. Proporciona una API y varios componentes de React que puedes utilizar para autenticar usuarios con varios proveedores de autenticación,

---

[31]https://auth0.com/
[32]https://firebase.google.com/docs/auth/
[33]https://next-auth.js.org/

incluyendo correo electrónico y contraseña, Google, Facebook, y más.

Estas soluciones pueden ahorrarte mucho tiempo y esfuerzo, y también proporcionan características adicionales como la autenticación en dos factores, la recuperación de la contraseña, y la protección contra ataques de fuerza bruta. Sin embargo, también pueden ser más costosas y menos flexibles que implementar tu propio sistema de autenticación y autorización.

Conclusión

En este capítulo, hemos explorado en profundidad cómo interactuar con APIs y manejar la comunicación con el servidor en una aplicación React. Hemos aprendido a realizar peticiones HTTP utilizando *Fetch* y *Axios*, y a manejar el estado de la carga y los errores. También hemos explorado cómo crear y utilizar *Custom Hooks* para encapsular y reutilizar la lógica de las peticiones HTTP.

Además, hemos introducido *TanStack Query*, una popular biblioteca para la obtención de datos que puede simplificar y optimizar la comunicación con el servidor. Hemos aprendido a utilizar sus *Hooks* principales, useQuery y useMutation, y hemos discutido cómo puede reemplazar a *Redux* para la gestión del estado del servidor.

Finalmente, hemos discutido la autenticación y la autorización, dos aspectos fundamentales de la seguridad en las aplicaciones web. Hemos aprendido a implementarlas utilizando *tokens*, y hemos explorado algunas soluciones de terceros que pueden facilitar esta tarea.

En el próximo capítulo, nos centraremos en la optimización y el rendimiento. Aprenderemos cómo mejorar la velocidad y la eficiencia de nuestra aplicación React.

Referencias

- Choi, D. (2020). *Full-Stack React, TypeScript, and Node: Build cloud-ready web applications using React 17 with Hooks and GraphQL*. Packt Publishing.
- Alfonso, D. (2023) *State Management with React Query : Improve Developer and User Experience by Mastering Server State in React*. Packt Publishing.
- Mozilla Developer Network. (2023). *Fetch API*. https://developer.mozilla.org/en-US/ docs/Web/API/Fetch_-API
- Axios. (2023). Axios Documentation. https://axios-http.com/docs/intro
- Linsley, T. (2023). *React Query Overview*. https://react-query.tanstack.com/overview
- Auth0. (2023). *Auth0 Documentation*. https://auth0.com/
- Firebase. (2023). *Firebase Authentication*. https://firebase.google.com/docs/auth
- NextAuth.js. (2023). *NextAuth.js Documentation*. https://next-auth.js.org/

Capítulo 8: Optimización y Rendimiento

Introducción

Una de las razones por las que React ha ganado popularidad en el mundo de la programación web es su enfoque en la eficiencia y el rendimiento. Sin embargo, el rendimiento no siempre es algo que se maneja de forma óptima por defecto. Requiere conocimientos y habilidades específicas para sacar el máximo provecho de las herramientas que React nos proporciona para optimizar nuestras aplicaciones.

En este capítulo, aprenderemos técnicas y mejores prácticas para mejorar el rendimiento de nuestras aplicaciones React. Desde la virtualización y paginación de listas hasta la *memoización* de componentes, el *code splitting* y el *lazy loading*, cada sección de este capítulo se centrará en una técnica específica, proporcionándote la teoría y ejemplos de código.

Si algún concepto te resulta particularmente desafiante, te reco- miendo que sigas a Joan León (*@nucliweb*)[34] y a Estela Franco (*@guaca*)[35]. Ambos son personas expertas en el campo de la op- timización del rendimiento web y ofrecen valiosos recursos para profundizar en estos temas.

---

[34]https://joanleon.dev/
[35]https://estelafranco.com/

Paginación de listas

La paginación de listas es una técnica crucial en el desarrollo de aplicaciones web para gestionar grandes conjuntos de datos. En lugar de cargar y mostrar todos los datos de una vez, que puede ser ineficiente y llevar a un pobre rendimiento de la aplicación, la paginación divide los datos en páginas más manejables.

El usuario puede entonces navegar a través de estas páginas de manera incremental. Esta técnica no sólo mejora el rendimiento de la aplicación al reducir la carga inicial de datos, sino que también mejora la experiencia del usuario al presentar los datos de manera más organizada y manejable.

Paginación con React-Router-Pagination

Un paquete muy útil para implementar la paginación en aplicaciones React es `react-router-pagination`. Esta biblioteca proporciona una serie de componentes y *hooks* para manejar la paginación en combinación con `react-router`, el estándar de facto para la gestión de rutas en React.

Aquí te dejo un ejemplo de cómo se podría implementar la paginación de una lista con `react-router-pagination`:

```
1   import React from 'react';
2   import { BrowserRouter as Router, Route } from 'react-router-dom';
3   import Pagination from 'react-router-pagination';
4   import ListItem from './ListItem';
5
6   function App() {
7     const [items, setItems] = React.useState([]);
8
9     React.useEffect(() => {
10      fetch('https://api.misdatos.com/lista')
11        .then(response => response.json())
12        .then(data => setItems(data.items));
13    }, []);
14
15    return (
16      <Router>
17        <Route path="/:page?" render={(({ match }) => {
18          const page = parseInt(match.params.page, 10) || 1;
19          const itemsPerPage = 10;
20          const offset = (page - 1) * itemsPerPage;
21          const pagedItems = items.slice(offset, offset + itemsPerP\
22  age);
23
24          return (
25            <div>
26              {pagedItems.map(item => <ListItem key={item.id} item=\
27  {item} />)}
28              <Pagination
29                total={items.length}
30                itemsPerPage={itemsPerPage}
31                currentPage={page}
32              />
33            </div>
34          );
35        }} />
36      </Router>
37    );
```

```
38   }
39
40   export default App;
```

En este ejemplo, utilizamos `react-router-pagination` para generar los enlaces de paginación. Cada página muestra 10 elementos de la lista (definidos por `itemsPerPage`). La página actual se determina a partir del parámetro de la ruta (`match.params.page`). Los elementos para la página actual se obtienen del *array items* utilizando `slice`.

Por último, el componente `Pagination` de `react-router-pagination` se utiliza para mostrar los enlaces de paginación en la parte inferior de la lista.

Este es un concepto básico de la paginación en React con esta biblioteca. Te invito a explorarla más a fondo y practicar para dominar la paginación de listas.

Paginación con React Query

Ya hemos visto anteriormente *React Query* (*TanStack Query*). Además de que es una biblioteca muy potente que provee *hooks* para realizar acciones asíncronas y gestión de estado; entre sus características se encuentra la paginación de listas.

A diferencia del ejemplo anterior donde la paginación era manejada completamente en el cliente, *React Query* nos permite implementar una paginación del lado del servidor, lo que puede ser mucho más eficiente para conjuntos de datos muy grandes.

Aquí te presento un ejemplo de cómo implementar la paginación de listas con *React Query*:

```
1    import { useEffect } from 'react'
2    import axios from 'axios'
3    import {
4      useQuery,
5      useQueryClient,
6      QueryClient,
7      QueryClientProvider,
8    } from '@tanstack/react-query'
9    import { ReactQueryDevtools } from '@tanstack/react-query-devtool\
10   s'
11
12   const queryClient = new QueryClient()
13
14   export default function App() {
15     return (
16       <QueryClientProvider client={queryClient}>
17         <Example />
18       </QueryClientProvider>
19     )
20   }
21
22   async function fetchProjects(page = 0) {
23     const { data } = await axios.get('/api/projects?page=' + page)
24     return data
25   }
26
27   function Example() {
28     const queryClient = useQueryClient()
29     const [page, setPage] = React.useState(0)
30
31     const {
32       status,
33       data,
34       error,
35       isFetching,
36       isPreviousData
37     } = useQuery({
```

```
38    queryKey: ['projects', page],
39    queryFn: () => fetchProjects(page),
40    keepPreviousData: true,
41    staleTime: 5000,
42  })
43
44  // Hace Prefetch de la siguiente página!
45  useEffect(() => {
46    if (data?.hasMore) {
47      queryClient
48        .prefetchQuery(
49          ['projects', page + 1], () => fetchProjects(page + 1)
50        )
51    }
52  }, [data, page, queryClient])
53
54  // ...
55 }
```

En este ejemplo, se utiliza el *hook* useQuery para hacer la solicitud de datos a la API. Esta función toma un objeto de configuración con varias opciones:

- **queryKey**: una clave única que identifica los datos de la consulta.
- **queryFn**: una función que realiza la consulta real y devuelve una promesa. Esta función recibe la página actual como argumento.
- **keepPreviousData**: cuando cambia la clave de la consulta (en este caso, la página), *React Query* mantendrá los datos antiguos hasta que la nueva consulta se resuelva.
- **staleTime**: tiempo en milisegundos durante el cual los datos se considerarán recientes después de una actualización. Una vez que los datos se vuelven obsoletos, *React Query refetchará*

automáticamente los datos en *background* cuando sean reque-
ridos.

El *hook* useQuery devuelve un objeto que contiene el estado
de la consulta (status), los datos recuperados (data), cualquier
error que ocurrió (error), una indicación de si la consulta está actualmente buscando datos (isFetching), y una indicación
de si los datos de la consulta son de la última consulta exitosa
(isPreviousData).

Se usa la función setPage para cambiar la página actual cuando se
presionan los botones de navegación de la página.

Se usa useEffect para realizar la precarga de la siguiente página
de datos tan pronto como se cargue la página actual. Esto puede
mejorar la experiencia del usuario, ya que los datos de la siguiente
página estarán listos inmediatamente cuando se navegue a la
siguiente página.

Memoización de componentes

La *memoización* es una técnica de optimización que se usa para acelerar las aplicaciones al almacenar los resultados de operaciones costosas y reutilizándolos en lugar de volver a ejecutar las operaciones. En React, la *memoización* puede aplicarse a los componentes y las funciones para evitar el renderizado o los cálculos innecesarios.

En React, tenemos dos mecanismos principales para realizar la memoización: React.memo y useMemo.

React.memo

React.memo es un componente de orden superior que memoriza el resultado de renderizado de un componente y lo reutiliza hasta que cambien sus *props*.

Veamos un ejemplo:

```
const MyComponent = React.memo(function MyComponent(props) {
  // ...
});
```

En este ejemplo, React.memo envuelve el componente MyComponent. Si las *props* de MyComponent no cambian entre renderizados, React reutilizará el último resultado de renderizado, evitando así un renderizado innecesario.

useMemo

useMemo es un hook que memoriza el resultado de una función. Es útil cuando tienes funciones costosas en cómputo que dependen de ciertos valores y no quieres que se vuelvan a ejecutar a menos que esos valores cambien.

Aquí hay un ejemplo de cómo usar useMemo:

```
const MyComponent = (props) => {
  const computedValue = React.useMemo(() => {
    /* Operaciones con un coste alto de cómputo */
  }, [props.value]);

  return /* Renderizado del componente que usa computedValue */
}
```

En este ejemplo, useMemo toma dos argumentos: una función y una lista de dependencias. La función se ejecutará y su resultado se memorizará la primera vez que se renderice el componente. En renderizados posteriores, useMemo comprobará si alguna de las dependencias ha cambiado. Si no han cambiado, useMemo devolverá el valor memorizado en lugar de volver a ejecutar la función.

La *memoización* puede ser una herramienta muy potente para optimizar tus componentes React y prevenir renderizados innecesarios.

Sin embargo, como cualquier herramienta de optimización, debe usarse con cuidado. Memorizar todo puede llevar a un uso excesivo de memoria y, en realidad, reducir el rendimiento. Por lo tanto, solo debes usar React.memo y useMemo cuando sepas que hay un cuello de botella en el rendimiento y hayas medido que la memoización mejora la velocidad de tu aplicación.

Code Splitting y Lazy Loading

La optimización del rendimiento no siempre implica hacer que el código existente sea más eficiente. A veces, implica simplemente cambiar cuándo y cómo se entrega ese código. Dos técnicas muy efectivas para mejorar el rendimiento de las aplicaciones web, en particular, son el *code splitting* y el *lazy loading*.

Code Splitting

El *code splitting* es el proceso de dividir el código de tu aplicación en múltiples *bundles* (paquetes) que pueden ser cargados bajo demanda. Las herramientas modernas como *Vite* y *Next.js*, que son cada vez más populares para la creación de aplicaciones React, tienen soporte incorporado para ello.

Esto significa que cada vez que un usuario carga tu aplicación, solo se está descargando el código necesario para la carga inicial de la página. El resto del código se puede cargar bajo demanda según sea necesario, lo que puede mejorar significativamente los tiempos de carga, especialmente para aplicaciones grandes.

Para Vite, la configuración de *code splitting* puede estar en el archivo `vite.config.js`. Vite divide automáticamente el código cuando se utiliza `import()` de forma dinámica.

```
1   // vite.config.js
2   export default {
3     build: {
4       rollupOptions: {
5         input: {
6           main: '/path/to/main.js',
7           nested: '/path/to/nested.js',
8         },
9       },
10     },
11   }
```

En este ejemplo, Vite creará dos bundles separados para `main.js` y `nested.js`. Cuando se visite la ruta correspondiente, solo se cargará el *bundle* correspondiente.

La aplicación del *code splitting* puede tener un gran impacto en el rendimiento de tu aplicación, permitiéndote cargar solo el código que es necesario, lo que mejora la eficiencia y la experiencia del usuario.

Lazy Loading

El *lazy loading* es una técnica de optimización que consiste en retrasar la inicialización o la carga de ciertos aspectos de tu aplicación hasta que realmente sean necesarios. Esto puede mejorar significativamente la eficiencia de tu aplicación, ya que reduce la cantidad de trabajo que debe realizarse durante la carga inicial de la página.

La idea detrás del *lazy loading* es simple: En lugar de cargar todo de una vez, divide la carga en múltiples etapas, de tal manera que sólo los componentes necesarios para el renderizado inicial de la página se cargan de inmediato. El resto de los componentes se carga en segundo plano o cuando se necesiten, lo que ayuda a mejorar la eficiencia y la experiencia del usuario.

React incorpora una función llamada React.lazy() que te permite renderizar importaciones dinámicas de manera muy sencilla, como componentes que se cargan de manera diferida.

Veamos un ejemplo más completo de cómo puedes usar React.lazy() y Suspense para hacer *lazy loading* de un componente:

```
import React, { Suspense } from 'react';

const LazyComponent = React.lazy(
  () => import('./LazyComponent')
);

function MyComponent() {
  return (
    <div>
      <Suspense fallback={<div>Cargando...</div>}>
        <LazyComponent />
      </Suspense>
    </div>
  );
}

export default MyComponent;
```

En este ejemplo, React.lazy() está importando dinámicamente un componente. Esto significa que LazyComponent no se cargará hasta que sea necesario. El componente Suspense permite especificar un contenido de *"fallback"* que se mostrará mientras el componente está cargando.

Aunque este es un ejemplo básico, puedes aplicar la misma idea a cualquier componente de tu aplicación. Por ejemplo, podrías decidir hacer *lazy loading* de ciertas partes de tu aplicación que no son críticas para la carga inicial de la página, pero que podrían ser necesarias más adelante. Esto puede mejorar significativamente la eficiencia y la experiencia del usuario.

> Una nota adicional: `React.lazy()` y `<Suspense>` no son aún 100% compatibles con la renderización en el lado del servidor (SSR). Para las bibliotecas que admiten SSR, puedes usar una solución más tradicional como `import()` para dividir el código.
>
> Next, el framework de React está empezando a implementarlo en sus últimas versiones.

Para resumir, el *lazy loading* puede ser una potente herramienta para mejorar el rendimiento de tu aplicación. Al retrasar la carga de ciertos aspectos de tu aplicación hasta que sean necesarios, puedes reducir la cantidad de trabajo que se debe realizar durante la carga inicial de la página, lo que puede resultar en una carga de página más rápida y una mejor experiencia para el usuario.

Uso eficiente de Context y Redux en React

Contexto en React

El contexto en React se utiliza para compartir datos entre componentes sin tener que pasar explícitamente a través de cada nivel del árbol de componentes (*props drilling*). Sin embargo, es importante entender que cada vez que cambia el valor del contexto, todos los componentes que consumen ese contexto se volverán a renderizar.

Para evitar renderizados innecesarios, se puede dividir el contexto en múltiples contextos según la granularidad de los datos. Es decir, en lugar de tener un sólo gran contexto, puedes tener varios contextos más pequeños.

Aquí te dejo un ejemplo de cómo hacerlo:

```
import React from 'react';

// Creamos dos contextos separados
const UserContext = React.createContext();
const ThemeContext = React.createContext();

export function App() {
  const [user, setUser] = React.useState(null);
  const [theme, setTheme] = React.useState('light');

  return (
    <UserContext.Provider value={{ user, setUser }}>
      <ThemeContext.Provider value={{ theme, setTheme }}>
        <MyComponent />
      </ThemeContext.Provider>
    </UserContext.Provider>
```

```
17    );
18  }
19
20  function MyComponent() {
21    // Ahora cada componente puede consumir solo el contexto que ne\
22  cesita
23    const { user } = React.useContext(UserContext);
24    const { theme } = React.useContext(ThemeContext);
25
26    // Resto del componente...
27  }
```

Redux en React

Redux es una biblioteca de manejo del estado de forma global, muy utilizada en React. Sin embargo, al igual que el contexto, cualquier cambio en el *store* de Redux puede causar un renderizado en todos los componentes que estén conectados a ese *store*.

Para evitar esto, puedes dividir tu *store* de Redux en múltiples *slices* más pequeños usando createSlice de *Redux Toolkit*, y luego sólo conectar los componentes a los *slices* del *store* que realmente necesitan. Esto significa que solo se renderizarán cuando los datos que están utilizando cambien.

Aquí te dejo un ejemplo de cómo se vería:

```
1   import { createSlice, configureStore } from '@reduxjs/toolkit';
2   import { Provider, useSelector } from 'react-redux';
3
4   // Creamos dos slices separados
5   const userSlice = createSlice({
6     name: 'user',
7     initialState: null,
8     reducers: {
9       setUser: (state, action) => action.payload,
10     },
11   });
12
13   const themeSlice = createSlice({
14     name: 'theme',
15     initialState: 'light',
16     reducers: {
17       setTheme: (state, action) => action.payload,
18     },
19   });
20
21   // Configuramos nuestro store con ambos slices
22   const store = configureStore({
23     reducer: {
24       user: userSlice.reducer,
25       theme: themeSlice.reducer,
26     },
27   });
28
29   export function App() {
30     return (
31       <Provider store={store}>
32         <MyComponent />
33       </Provider>
34     );
35   }
36
37   function MyComponent() {
```

```
38    // Ahora cada componente solo selecciona los datos que necesita\
39    del store
40    const user = useSelector((state) => state.user);
41    const theme = useSelector((state) => state.theme);
42
43    // Resto del componente...
44    }
```

Tanto con el Contexto de React como con Redux, el objetivo es mantener los renderizados de los componentes al mínimo para optimizar el rendimiento. Esto se logra asegurándose de que cada componente solo se suscriba a los cambios en los datos que realmente necesita.

Conclusión

En este capítulo, hemos profundizado en los conceptos de optimización y rendimiento en React. Hemos explorado cómo la paginación de listas puede ayudar a manejar grandes conjuntos de datos de manera eficiente, cómo la *memoización* puede prevenir renderizados innecesarios, y cómo la división de código y el *lazy loading* pueden mejorar el tiempo de carga de nuestra aplicación. Además, discutimos varias mejores prácticas de rendimiento en React, como el uso eficiente del Contexto y Redux.

Es importante recordar que la optimización y el rendimiento son aspectos cruciales del desarrollo de aplicaciones web. Asegurarse de que tu aplicación se ejecute de manera eficiente puede llevar a una mejor experiencia del usuario, y puede marcar la diferencia en la percepción del usuario sobre la calidad de tu aplicación.

En el próximo capítulo, cambiaremos nuestra atención al *testing* de *frontend*. El *testing* es necesario para el desarrollo de software, que garantiza que tu código funcione como se espera y ayuda a prevenir *bugs* antes de que lleguen a producción.

Capítulo 9: Pruebas y calidad del código

Introducción al Testing

El desarrollo de software es un proceso complejo y multifacético. No solo implica escribir código que funcione, sino también asegurarse de que ese código funcione correctamente en todas las situaciones posibles. Aquí es donde entra en juego el *testing* o las pruebas de software.

Las pruebas de software (*tests*) son una parte integral del ciclo de vida del desarrollo de software. Nos permiten verificar que nuestro código hace lo que se supone que debe hacer y nos ayudan a detectar y corregir errores antes de que lleguen a producción. En otras palabras, las pruebas nos ayudan a garantizar la calidad de nuestro software.

Existen varios tipos de pruebas que podemos realizar, cada una con un propósito específico:

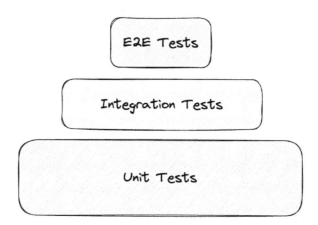

Pirámide del testing

- **Pruebas unitarias** (*Unit tests*): Estas pruebas se centran en pequeñas unidades de código, como funciones o métodos individuales. El objetivo es asegurarse de que cada parte del código funcione correctamente de forma aislada.
- **Pruebas de integración** (*Integration Tests*): Estas pruebas se centran en cómo diferentes partes del código trabajan juntas. El objetivo es asegurarse de que el sistema, como un todo, funcione correctamente.
- **Pruebas de aceptación** (*Acceptance Tests*): Estas pruebas se realizan desde la perspectiva del usuario final y se aseguran de que el sistema cumpla con los requisitos especificados.

En este capítulo, nos centraremos en las pruebas unitarias y de integración utilizando *Jest* y *Vitest*, las pruebas de componentes con *React Testing Library*, y cómo mantener nuestro código limpio y de calidad con *Eslint* y *Prettier*. También cubriremos cómo realizar un análisis de cobertura de pruebas (*Code Coverage*) para asegurarnos de que todas las partes de nuestro código estén adecuadamente probadas.

Aunque este libro no trata exclusivamente de pruebas, te recomiendo el siguiente libro si quieres profundizar en ello: *Testing Frontend*[36] de Iago Lastra Rodríguez (*@iagolast*).

---

[36]https://leanpub.com/frontend-testing

Jest y Vitest: Pruebas unitarias y de integración

Jest

Jest[37] es una popular biblioteca de pruebas de JavaScript creada por Facebook. Es conocida por su simplicidad y facilidad de uso, lo que la hace ideal para principiantes. Jest es capaz de ejecutar pruebas unitarias y de integración, y viene con una serie de características útiles como la simulación de funciones (*mocking*), la generación de informes de cobertura de pruebas, y la capacidad de ejecutar pruebas en paralelo para un rendimiento más rápido.

Para instalar Jest en tu proyecto, puedes usar *npm* con el siguiente comando:

```
$ npm install --save-dev jest
```

Una vez instalado, puedes crear un archivo de prueba con la extensión .test.js. Por ejemplo, si tienes un archivo sum.js que quieres probar, puedes crear un archivo sum.test.js en el mismo directorio.

Aquí tienes un ejemplo de cómo podría ser una prueba unitaria básica con Jest:

---

[37]https://jestjs.io/es-ES/

```
1   // Fichero: sum.js
2   function sum(a, b) {
3     return a + b;
4   }
5
6   module.exports = sum;
7
8   // Fichero: sum.test.js
9   const sum = require('./sum');
10
11  test('adds 1 + 2 to equal 3', () => {
12    expect(sum(1, 2)).toBe(3);
13  });
```

En este ejemplo, test es una función global proporcionada por Jest que define una prueba. La función expect se utiliza para hacer afirmaciones sobre lo que el código debería hacer, y .toBe() es un "*matcher*" que comprueba si el valor esperado coincide con el valor real.

Vitest

Vitest[38] es una herramienta de pruebas para Vite, el entorno de desarrollo y compilador para JavaScript. Aunque este libro se centra en React, es importante mencionar Vitest porque es una excelente opción para pruebas si estás utilizando Vite en tu proyecto.

Vitest ofrece una experiencia de pruebas similar a Jest, pero está optimizado para Vite y tiene algunas características adicionales, como el soporte para pruebas en navegadores reales y la capacidad de importar componentes Vue y React directamente en tus pruebas.

Para instalar Vitest, puedes usar npm con el siguiente comando:

---

[38]https://vitest.dev/

```
1   npm install --save-dev vitest
```

Aquí tienes un ejemplo de cómo podría ser una prueba unitaria con Vitest:

```
1   // Fichero: sum.js
2   export function sum(a, b) {
3     return a + b;
4   }
5
6   // Fichero: sum.test.js
7   import { it, expect } from 'vitest';
8   import { sum } from './sum';
9
10  it('adds 1 + 2 to equal 3', () => {
11    expect(sum(1, 2)).toBe(3);
12  });
```

Como puedes ver, la sintaxis de las pruebas es muy similar a la de Jest, lo que hace que la transición entre las dos herramientas sea bastante sencilla.

Vitest es una excelente opción para las pruebas, especialmente si estás utilizando Vite en tu proyecto. Vite es un entorno de desarrollo y compilador moderno y rápido para JavaScript, y es recomendado por el equipo de React para construir aplicaciones de una sola página (SPA). Vitest está optimizado para Vite y requiere prácticamente cero configuración, lo que facilita su uso.

Veamos algunos ejemplos más complejos de pruebas con Vitest.

Ejemplo 1: Prueba de una función asíncrona

Supongamos que tienes una función asíncrona que recupera datos de una API. Podrías querer probar que esta función devuelve los datos esperados.

```
1   // Fichero: api.js
2   export async function fetchData() {
3     const response = await fetch('https://api.example.com/data');
4     const data = await response.json();
5     return data;
6   }
7
8   // Fichero: api.test.js
9   import { it, expect } from 'vitest';
10  import { fetchData } from './api';
11
12  it('fetchData returns expected data', async () => {
13    const data = await fetchData();
14    expect(data).toEqual({ key: 'value' });
15    // Asume que { key: 'value' } es la respuesta esperada
16  });
```

En este ejemplo, usamos la palabra clave async en nuestra prueba para poder usar await dentro de ella. Esto es necesario porque fetchData es una función asíncrona que devuelve una promesa.

Ejemplo 2: Prueba de un componente React

Vitest también puede ser utilizado para probar componentes React con ayuda de otra potente biblioteca: *Testing Library*. Supongamos que tienes un componente Button que quieres probar.

```
1   // Fichero: Button.js
2   import React from 'react';
3   import { it, vi, expect } from 'vitest'; ·
4
5   export function Button({ onClick, children }) {
6     return (
7       <button onClick={onClick}>
8           {children}
9       </button>
10    );
11  }
12
13  // Fichero: Button.test.js
14  import { render, fireEvent } from '@testing-library/react';
15  import { Button } from './Button';
16
17  it('Button triggers onClick when clicked', () => {
18    // const handleClick = jest.fn();
19    const handleClick = vi.fn().mockImplementation('handleClick');
20    const { getByText } = render(
21      <Button onClick={handleClick}>
22          Click me
23      </Button>
24    );
25
26    fireEvent.click(getByText('Click me'));
27
28    expect(handleClick).toHaveBeenCalled();
29  });
```

En este ejemplo, usamos la biblioteca @testing-library/react para renderizar nuestro componente y simular un clic en él. Luego, verificamos que la función handleClick fue llamada cuando se hizo clic en el botón.

Estos son solo algunos ejemplos de lo que puedes hacer con Vitest. En los siguientes apartados, aprenderemos más sobre cómo realizar pruebas de componentes con *React Testing Library.*

React Testing Library: Pruebas de componentes

React Testing Library es una biblioteca muy popular para probar componentes de React. Su filosofía se basa en probar el software de la misma manera que el usuario final lo utilizaría, lo que ayuda a crear pruebas más robustas y significativas.

Para instalar *React Testing Library*, puedes usar *npm* con el siguiente comando:

```
1   npm install --save-dev @testing-library/react
```

React Testing Library proporciona una serie de funciones útiles para interactuar con tus componentes y verificar su comportamiento. Veamos algunos ejemplos.

Ejemplo 1: Prueba de renderizado y contenido de texto

Supongamos que tienes un componente Greeting que muestra un saludo basado en una *prop* name.

```
1   // Fichero: Greeting.js
2   import React from 'react';
3
4   export function Greeting({ name }) {
5     return <h1>Hello, {name}!</h1>;
6   }
7
8   // Fichero: Greeting.test.js
9   import { it, expect } from 'vitest';
10  import { render, screen } from '@testing-library/react';
11  import { Greeting } from './Greeting';
12
```

```
13  it('Greeting renders with correct text', () => {
14    render(<Greeting name="John" />);
15    const heading = screen.getByRole('heading', {
16      name: 'Hello, John!'
17    });
18    expect(heading).toBeInTheDocument();
19  });
```

En este ejemplo, usamos la función render para renderizar nuestro componente y screen.getByRole para seleccionar el elemento que queremos probar. Luego, usamos expect y toBeInTheDocument para verificar que el elemento está presente en el documento.

Ejemplo 2: Prueba de interacción del usuario

Ahora, supongamos que tienes un componente Button que cambia su texto cuando se hace clic en él.

```
1   // Fichero: Button.js
2   import React, { useState } from 'react';
3
4   export function Button() {
5     const [text, setText] = useState('Click me');
6
7     const handleClick = () => {
8       setText('Clicked');
9     };
10
11    return (
12      <button onClick={handleClick}>
13        {text}
14      </button>
15    );
16  }
17
18  // Fichero: Button.test.js
```

```
19    import { it, expect } from 'vitest';
20    import { render, screen, fireEvent } from '@testing-library/react\
21    ';
22    import { Button } from './Button';
23
24    it('Button changes text when clicked', () => {
25      render(<Button />);
26      const button = screen.getByRole('button', {
27        name: 'Click me'
28      });
29
30      fireEvent.click(button);
31
32      expect(button).toHaveTextContent('Clicked');
33    });
```

En este ejemplo, usamos `fireEvent.click` para simular un clic en el botón, y luego verificamos que el texto del botón ha cambiado como se esperaba.

Ejemplo 3: Prueba de renderizado condicional

Finalmente, supongamos que tienes un componente `Alert` que se muestra solo si se pasa una *prop* `show`.

```
1    // Fichero: Alert.js
2    import React from 'react';
3
4    export function Alert({ show, children }) {
5      if (!show) {
6        return null;
7      }
8
9      return <div>{children}</div>;
10   }
11
12   // Fichero: Alert.test.js
```

```
13  import { it, expect } from 'vitest';
14  import { render, screen } from '@testing-library/react';
15  import { Alert } from './Alert';
16
17  it('Alert shows children when show is true', () => {
18    render(<Alert show={true}>Test Alert</Alert>);
19    const alert = screen.getByText('Test Alert');
20    expect(alert).toBeInTheDocument();
21  });
22
23  it('Alert does not show children when show is false', () => {
24    render(<Alert show={false}>Test Alert</Alert>);
25    const alert = screen.queryByText('Test Alert');
26    expect(alert).not.toBeInTheDocument();
27  });
```

En este ejemplo, usamos dos pruebas para verificar el comportamiento de renderizado condicional de nuestro componente. Usamos screen.getByText para seleccionar el elemento cuando esperamos que esté presente, y screen.queryByText cuando esperamos que no lo esté.

Estos son solo algunos ejemplos de lo que puedes hacer con *React Testing Library*. En el siguiente apartado, aprenderemos sobre *Eslint* y *Prettier* y cómo pueden ayudarte a mantener tu código limpio y ordenado.

ESlint y Prettier

Mantener un código limpio y bien formateado es esencial para la calidad del software. No solo hace que el código sea más fácil de leer y entender, sino que también puede ayudar a prevenir errores. Aquí es donde entran en juego ESlint y Prettier.

ESlint

ESlint es una herramienta de *linting* para JavaScript. El *"linting"* es el proceso de analizar el código en busca de posibles errores o problemas de estilo. *ESlint* viene con un conjunto de reglas predefinidas que puedes personalizar según tus necesidades. También es extensible, lo que significa que puedes escribir tus propias reglas o utilizar *plugins* para añadir más funcionalidades.

Para instalar *ESlint* en tu proyecto, puedes usar *npm* con el siguiente comando:

```
npm install --save-dev eslint
```

Una vez instalado, puedes crear un archivo .eslintrc.js en la raíz de tu proyecto para configurar las reglas de *ESlint*. Aquí tienes un ejemplo de cómo podría ser una configuración básica:

```
1   module.exports = {
2     env: {
3       browser: true,
4       es2021: true,
5     },
6     extends: [
7       'eslint:recommended',
8       'plugin:react/recommended',
9     ],
10    parserOptions: {
11      ecmaFeatures: {
12        jsx: true,
13      },
14      ecmaVersion: 12,
15      sourceType: 'module',
16    },
17    plugins: [
18      'react',
19    ],
20    rules: {
21      'react/prop-types': 'off',
22    },
23  };
```

Esta configuración habilita las reglas recomendadas para JavaScript y React, y desactiva la regla react/prop-types.

Prettier

Prettier es una herramienta de formateo de código para JavaScript. A diferencia de *Eslint*, que se centra en la calidad del código, Prettier se centra en el estilo del código. Prettier formatea tu código de manera consistente y automática, lo que ayuda a mantener un estilo coherente en todo el proyecto.

Para instalar Prettier en tu proyecto, puedes usar npm con el siguiente comando:

```
1   $ npm install --save-dev prettier
```

Una vez instalado, puedes crear un archivo .prettierrc en la raíz de tu proyecto para configurar las reglas de *Prettier*. Aquí tienes un ejemplo de cómo podría ser una configuración básica:

```
1   {
2     "semi": true,
3     "trailingComma": "all",
4     "singleQuote": true,
5     "printWidth": 80,
6     "tabWidth": 2
7   }
```

Esta configuración especifica que se deben usar punto y coma al final de las sentencias, que se deben usar comillas simples en lugar de dobles, que la longitud máxima de la línea debe ser de 80 carácteres y que se deben usar dos espacios para la indentación.

Integración de Eslint y Prettier

ESlint y *Prettier* pueden trabajar juntos para proporcionar una experiencia de desarrollo más fluida. Puedes configurar *ESlint* para que utilice *Prettier* como formateador de código, y para que ignore las reglas de estilo que *Prettier* ya maneja.

Para hacer esto, primero necesitas instalar el *plugin* eslint-plugin-prettier y el configurador eslint-config-prettier:

```
1  npm install --save-dev eslint-plugin-prettier eslint-config-prett\
2  ier
```

Luego, puedes actualizar tu archivo .eslintrc.js para utilizar estos paquetes:

```
1  module.exports = {
2    // ...
3    extends: [
4      'eslint:recommended',
5      'plugin:react/recommended',
6      'plugin:prettier/recommended', // Añade esto
7    ],
8    // ...
9  };
```

Con esta configuración, *ESlint* utilizará *Prettier* para formatear tu código y desactivará las reglas de estilo que entran en conflicto con *Prettier*.

Estas son solo algunas de las cosas que puedes hacer con *ESlint* y *Prettier*. En el siguiente apartado, aprenderemos sobre el análisis de cobertura de pruebas y cómo puede ayudarte a asegurarte de que todas las partes de tu código estén adecuadamente probadas.

Análisis de cobertura de pruebas

El análisis de cobertura de pruebas (*Code Coverage*) es una medida que nos ayuda a entender qué porcentaje de nuestro código está siendo probado o testeado.

La cobertura de pruebas se suele dividir en varias categorías:

- **Cobertura de líneas**: ¿Qué porcentaje de las líneas de código se han ejecutado durante las pruebas?
- **Cobertura de funciones**: ¿Qué porcentaje de las funciones se han llamado durante las pruebas?
- **Cobertura de ramas**: ¿Qué porcentaje de las ramas del código (como las sentencias *if* y *switch*) se han ejecutado durante las pruebas?
- **Cobertura de sentencias**: ¿Qué porcentaje de las sentencias se han ejecutado durante las pruebas?

Tanto Jest como Vitest vienen con herramientas integradas para generar informes de cobertura.

Generar un informe de cobertura con Jest

Para generar un informe de cobertura con Jest, puedes añadir el *flag* `--coverage` cuando ejecutes tus pruebas:

```
1  $ npx jest --coverage
```

Generar un informe de cobertura con Vitest

Para generar un informe de cobertura con Vitest, puedes añadir el *flag* `--coverage` cuando ejecutes tus pruebas:

```
1    $ npx vitest --coverage
```

Al igual que con Jest, esto generará un informe de cobertura en la consola y un directorio coverage en tu proyecto con un informe más detallado.

Interpretar un informe de cobertura

Un informe de cobertura de pruebas típicamente te dará un porcentaje de cobertura para cada una de las categorías mencionadas anteriormente, tanto para cada archivo individualmente como para todo el proyecto.

Por ejemplo, podrías ver algo como esto:

```
1    ----------------|---------|-----------|---------|---------|-------\
2    ------------
3    File            | % Stmts | % Branch  | % Funcs | % Lines | Uncove\
4    red Line #s
5    ----------------|---------|-----------|---------|---------|-------\
6    ------------
7    All files       |  98.28  |    100    |   100   |  98.25  |       \
8
9     MyComponent.js |  98.28  |    100    |   100   |  98.25  | 42    \
10
11   ----------------|---------|-----------|---------|---------|-------\
12   ------------
```

En este ejemplo, casi todas las líneas, funciones y ramas de MyComponent.js están cubiertas por las pruebas, excepto la línea 42.

Es importante recordar que la cobertura del *100%* no siempre es necesaria, ni siquiera siempre es deseable. Algunas partes del código pueden ser difíciles de probar, o pueden ser tan simples que las pruebas no aporten mucho valor. En lugar de apuntar a una cobertura del 100%, es mejor utilizar la cobertura de pruebas como una herramienta para identificar áreas que podrían beneficiarse de más pruebas.

Cypress y Playwright: Pruebas de extremo a extremo

Las pruebas de extremo a extremo (E2E: *end to end*) son una metodología utilizada para probar si el flujo de una aplicación se está ejecutando como se espera desde el inicio hasta el final.

El propósito de realizar pruebas de extremo a extremo es identificar problemas del sistema y garantizar que la aplicación funciona correctamente en su conjunto. En este apartado, vamos a hablar de dos herramientas populares para realizar pruebas E2E: *Cypress* y *Playwright*.

Cypress

Cypress es un *framework* de pruebas de extremo a extremo que hace que la configuración, escritura, ejecución y depuración de pruebas para aplicaciones web sea bastante sencilla. *Cypress* también toma instantáneas o capturas a medida que se ejecutan tus pruebas. Puedes "viajar en el tiempo" para ver cómo se veía tu aplicación en cualquier punto de la prueba.

Para instalar *Cypress*, puedes usar *npm* con el siguiente comando:

```
1   $ npm install --save-dev cypress
```

Una vez instalado, puedes abrir *Cypress* con el siguiente comando:

```
1   $ npx cypress open
```

Esto abrirá el *Cypress Test Runner*, que es la interfaz gráfica de usuario que viene con *Cypress*.

Aquí tienes un ejemplo de cómo podría ser una prueba E2E con *Cypress*:

```javascript
// cypress/integration/sample_spec.js
describe('My First Test', () => {
  it('Visits the Kitchen Sink', () => {
    cy.visit('https://example.cypress.io')
    // visita una página

    cy.contains('type').click()
    // busca un elemento que contenga "type" y hace clic en él

    // Verifica que la URL debería incluir '/commands/actions'
    cy.url().should('include', '/commands/actions')

    // Obtiene un elemento de entrada con atributo name
    // igual a 'email' y escribe en él
    cy.get('[name=email]').type('fake@email.com')
  })
})
```

Playwright

Playwright es una biblioteca de *Node.js* para automatizar los navegadores Chromium, Firefox y WebKit con una única API. *Playwright* permite escribir pruebas fiables y rápidas de extremo a extremo en un entorno real de navegador.

Para instalar *Playwright*, puedes usar *npm* con el siguiente comando:

```
$ npm init playwright@latest
```

Este es un ejemplo de pruebas de extremo a extremo utilizando *Playwright*. En este caso, se están realizando dos pruebas diferentes en el sitio web de *Playwright*.

```
1   import { test, expect } from '@playwright/test';
2
3   // Primera prueba: Verifica que el título de la
4   // página contenga la palabra "Playwright"
5   test('has title', async ({ page }) => {
6     // Navega a la página web de Playwright
7     await page.goto('https://playwright.dev/');
8
9     // Espera que el título de la página contenga
10    //la palabra "Playwright"
11    await expect(page).toHaveTitle(/Playwright/);
12  });
13
14  // Segunda prueba: Verifica que el enlace "Get started"
15  // redirige a la página correcta
16  test('get started link', async ({ page }) => {
17    // Navega a la página web de Playwright
18    await page.goto('https://playwright.dev/');
19
20    // Hace clic en el enlace que tiene el texto "Get started"
21    await page.getByRole('link', { name: 'Get started' }).click();
22
23    // Espera que la URL de la página contenga la palabra "intro"
24    await expect(page).toHaveURL(/.*intro/);
25  });
```

En la primera prueba, toHaveTitle(/Playwright/) verifica que el título de la página contenga la palabra "Playwright". La barra inclinada / alrededor de *Playwright* indica que es una expresión regular, lo que significa que estamos buscando cualquier título que contenga la palabra "Playwright", no solo los títulos que son exactamente "Playwright".

En la segunda prueba, getByRole('link', { name: 'Get started' }) selecciona un enlace con el texto "Get started". Luego, .click() hace clic en ese enlace. Finalmente, `toHaveURL(/.*intro/)` verifica que la URL de la página contenga la palabra "intro". Esto es útil para comprobar que el enlace "Get started" redirige a la página correcta.

—

Con esto concluimos nuestro recorrido por el mundo del *testing* y la calidad del código en React. Hemos aprendido sobre la importancia de las pruebas, cómo implementar pruebas unitarias y de integración con *Jest* y *Vitest*, cómo probar componentes de React con *React Testing Library*, y cómo mantener nuestro código limpio y de alta calidad con *Eslint* y *Prettier*. También hemos explorado cómo realizar un análisis de cobertura de pruebas para asegurarnos de que todas las partes de nuestro código estén adecuadamente probadas. Finalmente, hemos introducido las pruebas de extremo a extremo con *Cypress* y *Playwright*, dos herramientas que nos permiten asegurarnos de que nuestra aplicación funciona correctamente en su conjunto.

Espero que este capítulo te haya proporcionado las herramientas y el conocimiento necesarios para escribir código de buena calidad en React. Recuerda, un buen código no es solo código que funciona, sino código que es fácil de entender, mantener y probar.

En el próximo capítulo, nos adentraremos en el despliegue a producción. Aprenderemos cómo llevar nuestras aplicaciones de React desde nuestro entorno de desarrollo local hasta un entorno de producción, donde los usuarios podrán interactuar con ellas.

——

Referencias

- Da Costa, L. (2021). *Testing JavaScript Applications*. Manning Publications.
- Herman, D. (2012). *Effective JavaScript: 68 Specific Ways to Harness the Power of JavaScript*. Addison-Wesley Professional.
- Cypress.io. (2023). *Cypress Documentation*. https://docs.cypress.io
- Playwright. (2023). *Playwright Documentation*. Microsoft. https://playwright.dev
- Jest. (2023). *Jest Documentation*. Facebook. https://jestjs.io
- Vitest. (2023). *Vitest Documentation*. https://vitest.dev
- React Testing Library. (2023). *React Testing Library Documentation*. https://testing-library.com/docs/react-testing-library/intro
- ESLint. (2023). *ESLint Documentation*. https://eslint.org
- Prettier. (2023). *Prettier Documentation*. https://prettier.io

Capítulo 10: Despliegue y Entornos de Producción

Introducción

En este capítulo final, exploraremos cómo llevar nuestras aplicaciones React desde nuestro entorno de desarrollo local hasta un entorno de producción optimizado, listo para ser consumido por los usuarios finales.

Abordaremos la creación de un entorno de producción, el despliegue en plataformas populares como Netlify y Vercel, y finalmente, discutiremos sobre SEO y rendimiento en aplicaciones de React.

Creación de un entorno de producción optimizado

Cuando desarrollamos una aplicación, generalmente trabajamos en un entorno de desarrollo. Este entorno está configurado para facilitar la depuración y las pruebas, pero no está optimizado para el rendimiento. Al estar listos para desplegar nuestra aplicación, es esencial crear un entorno de producción optimizado para la velocidad y eficiencia.

En React (utilizando Vite), logramos esto con el comando npm run build. Este comando genera una versión de producción de tu aplicación en el directorio build. Esta versión ha sido *minificada* (el código se comprime para reducir su tamaño) y optimizada para el rendimiento.

Aquí tienes un ejemplo de cómo se ve este proceso:

```
1  # En tu directorio de proyecto
2  $ npm run build
```

Este comando crea un directorio build con un archivo index.html y todos los archivos JavaScript y CSS necesarios. Estos archivos están listos para ser desplegados en un servidor de producción.

Es crucial recordar que la versión de producción de tu aplicación puede comportarse de manera ligeramente diferente a la versión de desarrollo.

Diferencias entre el entorno de producción y el de desarrollo

En el entorno de desarrollo, priorizamos la facilidad de depuración y la velocidad de desarrollo. Por ejemplo, en React, el entorno de desarrollo incluye mensajes de advertencia detallados para ayudarte a entender y corregir problemas en tu código. También se incluyen herramientas como *"hot reloading"*, que actualiza automáticamente tu aplicación en el navegador a medida que modificas el código, acelerando el ciclo de desarrollo.

En cambio, en el entorno de producción, la prioridad es la eficiencia y el rendimiento. Los mensajes de advertencia detallados y el *"hot reloading"* son útiles durante el desarrollo, pero pueden ralentizar tu aplicación en producción y exponer detalles de implementación que preferirías mantener privados. Por lo tanto, estas características se eliminan en la versión de producción.

Minificación y su importancia

La minificación es el proceso de eliminar todos los datos innecesarios de tu código sin afectar su funcionalidad. Esto incluye espacios en blanco, comentarios, saltos de línea, y a veces, incluso los nombres de las variables se acortan. La minificación hace que tu código sea más difícil de leer para las personas, pero no afecta su interpretación por parte de la máquina.

La principal ventaja de la minificación es que reduce el tamaño de tus archivos JavaScript y CSS, lo que a su vez disminuye el tiempo de carga de tu página. Esto puede tener un impacto significativo en el rendimiento de tu aplicación, especialmente para los usuarios con conexiones a internet más lentas.

Además, la minificación puede ofrecer beneficios de seguridad, ya que hace que tu código sea más difícil de entender para alguien que intenta leerlo.

Importancia de probar en el entorno de producción

Como mencioné anteriormente, debido a estas diferencias entre los entornos de desarrollo y producción, es posible que tu aplicación se comporte de manera diferente en producción que en desarrollo. Por lo tanto, siempre es una buena práctica probar tu aplicación en un entorno que se asemeje lo más posible al de producción antes de desplegarla. Esto te ayudará a detectar y corregir cualquier problema antes de que tus usuarios lo hagan.

En el siguiente apartado, hablaremos sobre cómo desplegar nuestra aplicación en plataformas populares de hosting.

Despliegue en plataformas populares (Netlify, Vercel, Firebase...)

Las plataformas de despliegue de aplicaciones web, como Netlify, Vercel o Firebase, son servicios que permiten publicar aplicaciones web en Internet. A diferencia de los servicios de hosting tradicionales, que a menudo requieren que nosotros gestionemos manualmente los servidores y subamos los archivos a través de FTP, estas plataformas nos proporcionan herramientas y servicios integrados diseñados para facilitar el proceso de despliegue.

Estas plataformas se encargan de la infraestructura y la gestión del servidor, permitiéndonos centrarnos en el desarrollo de nuestras aplicaciones. Además, ofrecen características como la integración continua/despliegue continuo (CI/CD), que permiten desplegar automáticamente las aplicaciones cada vez que hacemos un *push* al repositorio de código, y la posibilidad de revertir a versiones anteriores de la aplicación si algo sale mal.

Ahora, vamos a ver cómo desplegar una aplicación React en cada una de estas plataformas.

Despliegue en Vercel

Página de producto de Vercel

Vercel[39] es una plataforma de despliegue en la nube que proporciona funcionalidades de despliegue contínuo desde repositorios de
Git. Es especialmente útil para aplicaciones de JavaScript, incluyendo React.

A continuación, te guiaré a través de los pasos para desplegar una
aplicación React en Vercel.

Paso 1: Preparar tu aplicación React

Antes de desplegar tu aplicación, debes asegurarte de que está lista
para la producción. Esto significa que debes ejecutar el comando
npm run build en tu proyecto React, que creará una versión
optimizada de tu aplicación en el directorio build.

```
1   # En tu directorio de proyecto
2   $ npm run build
```

Paso 2: Crear un repositorio Git

---

[39]https://vercel.com/

Vercel utiliza Git para obtener el código de tu aplicación. Por lo tanto, necesitas tener tu aplicación en un repositorio Git. Si aún no has hecho esto, aquí te muestro cómo puedes hacerlo:

```
1   # Inicializa un nuevo repositorio Git
2   git init
3
4   # Añade todos tus archivos al repositorio
5   git add .
6
7   # Realiza un commit con tus archivos
8   git commit -m "Mi primera aplicación React"
```

> Si tienes dudas con Git y GitHub, te recomiendo la lectura del libro: *Git y GitHub desde cero: Guía de estudio teórico-práctica*[40] de Brais Moure (*@mouredev*).

Una vez que hayas hecho esto, debes subir tu repositorio a un servicio de hosting de Git como GitHub, GitLab o Bitbucket.

Paso 3: Crear una cuenta en Vercel

Si aún no tienes una cuenta en Vercel[41], puedes crear una de forma gratuita en su sitio web. Puedes registrarte con tu cuenta de GitHub, GitLab o Bitbucket, lo que facilitará el despliegue de tus repositorios en Vercel.

Paso 4: Desplegar tu aplicación en Vercel

Una vez que hayas iniciado sesión en Vercel, puedes desplegar tu aplicación siguiendo estos pasos:

1. Haz clic en "New Project".

---

[40]https://mouredev.com/libro-git
[41]https://vercel.com

2. Selecciona tu repositorio de Git. Si has iniciado sesión con tu cuenta de GitHub, GitLab o Bitbucket, deberías ver tus repositorios en la lista. Si no, puedes añadirlos manualmente.

3. En la configuración de despliegue, asegúrate de que el comando de construcción sea `npm run build` y el directorio de salida sea `build/`. Vercel debería detectar estos automáticamente si estás desplegando una aplicación React.

4. Haz clic en "Deploy". Vercel construirá y desplegará tu aplicación.

Una vez que tu aplicación esté desplegada, recibirás una URL única donde podrás acceder a ella. Vercel también continuará desplegando automáticamente tu aplicación cada vez que hagas un push a tu repositorio de Git.

Ahora tienes tu aplicación React desplegada en Vercel.

Despliegue en Netlify

Página de producto de Netlify

Netlify[42] es una plataforma de despliegue en la nube que proporciona funcionalidades de despliegue continuo desde repositorios de Git, al igual que Vercel. Es una excelente opción para desplegar aplicaciones de JavaScript, incluyendo también React.

A continuación, te guiaré a través de los pasos para desplegar una aplicación React en Netlify.

Paso 1: Preparar tu aplicación React

Al igual que con Vercel, antes de desplegar tu aplicación, debes asegurarte de que está lista para producción. Esto significa que debes ejecutar el comando `npm run build` en tu proyecto React, que creará una versión optimizada de tu aplicación en el directorio `build`.

Paso 2: Crear un repositorio Git

---

[42]https://www.netlify.com/

Netlify también utiliza Git para obtener el código de tu aplicación. Por lo tanto, necesitas tener tu aplicación en un repositorio Git. Los pasos serían similares al apartado con Vercel.

Paso 3: Crear una cuenta en Netlify

Si aún no tienes una cuenta en Netlify[43], puedes crear una de forma gratuita en su sitio web. Puedes registrarte con tu cuenta de GitHub, GitLab o Bitbucket, lo que al igual que en Vercel, facilitará el despliegue de tus repositorios en la plataforma.

Paso 4: Desplegar tu aplicación en Netlify

Una vez que hayas iniciado sesión, puedes desplegar tu aplicación siguiendo estos pasos:

1. Haz clic en el botón "New site from Git".
2. Selecciona tu proveedor de Git (GitHub, GitLab, Bitbucket) y autoriza a Netlify para acceder a tus repositorios.
3. Selecciona el repositorio que contiene tu aplicación React.
4. En la configuración de despliegue, asegúrate de que el comando de construcción sea `npm run build` y el directorio de publicación sea `build/`.
5. Haz clic en "Deploy site". Netlify construirá y desplegará tu aplicación.

Una vez que tu aplicación esté desplegada, recibirás una URL única donde podrás acceder a ella. Netlify también continuará desplegando automáticamente tu aplicación cada vez que hagas un push a tu repositorio.

Y eso es todo. Ahora tienes tu aplicación React desplegada en Netlify.

---

[43]https://www.netlify.com/

Despliegue en Firebase Hosting

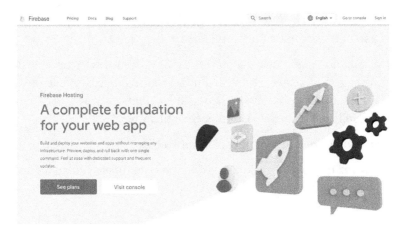

Página de producto de Firebase Hosting

Firebase Hosting[44] es un servicio de hosting de aplicaciones web de Google. Proporciona una forma rápida y fácil de desplegar aplicaciones web de un solo archivo o de varias páginas. A continuación, te guiaré a través de los pasos para desplegar una aplicación React en Firebase Hosting.

Paso 1: Preparar tu aplicación React

Antes de desplegar tu aplicación, debes asegurarte de que está lista para la producción. Esto significa que debes ejecutar el comando `npm run build` en tu proyecto React, que creará una versión optimizada de tu aplicación en el directorio `build`. Tal y como hicimos en los anteriores pasos.

Paso 2: Crear una cuenta en Firebase

Para usar Firebase Hosting, necesitarás una cuenta de Google y un proyecto en Firebase. Si aún no tienes una cuenta de Google, puedes

---

[44]https://firebase.google.com/docs/hosting

crear una de forma gratuita en el sitio web de Google[45]. Una vez que la tengas, puedes crear un nuevo proyecto en la consola de Firebase.

Paso 3: Instalar Firebase CLI

Firebase CLI (Command Line Interface) es una herramienta que te permite interactuar con Firebase desde tu línea de comandos. Necesitarás Firebase CLI para desplegar tu aplicación en Firebase Hosting. Puedes instalar Firebase CLI con npm:

```
1    $ npm install -g firebase-tools
```

Paso 4: Iniciar sesión en Firebase

Una vez que hayas instalado Firebase CLI, puedes iniciar sesión en Firebase con el siguiente comando:

```
1    $ firebase login
```

Esto abrirá una nueva ventana en tu navegador web para que inicies sesión en tu cuenta de Google.

Paso 5: Inicializar tu proyecto

Ahora puedes inicializar tu proyecto de Firebase con el siguiente comando:

```
1    $ firebase init
```

Esto iniciará un asistente interactivo. Cuando se te pregunte qué características de Firebase quieres usar, selecciona "Hosting". Luego, elige el proyecto de Firebase que creaste en la consola de Firebase.

---

[45]https://myaccount.google.com/

Cuando se te pregunte por el directorio público, introduce build/.
Esto es porque build/ es el directorio donde React crea la versión
de producción de tu aplicación.

También puedes ahorrarte el paso del asistente e indicar con un
comando que solo quieres hacer uso del servicio de *hosting* que
provee Firebase:

```
1  $ firebase init hosting
```

Al final de la inicialización, Firebase crea automáticamente y añade
dos archivos a la raíz del directorio de tu aplicación local:

Un archivo de configuración firebase.json que enumera la configuración de tu proyecto. Y un archivo .firebaserc que almacena
los alias de tu proyecto.

Paso 6: Desplegar tu aplicación

Finalmente, puedes desplegar tu aplicación en Firebase Hosting con
el siguiente comando:

```
1  $ firebase deploy
2  # también puedes especificar sólo el servicio de hosting al despl\
3  egar
4  $ firebase deploy --only hosting
```

Este comando subirá tu aplicación al servicio de alojamiento. Una
vez que tu aplicación esté desplegada, recibirás una URL única
donde podrás acceder a ella.

SEO y rendimiento en aplicaciones de React

Tanto el SEO (*Search Engine Optimization*) y el rendimiento son dos aspectos cruciales para cualquier aplicación web cuya propuesta de valor es el contenido, y las aplicaciones React no son una excepción. En este apartado, vamos a explorar cómo optimizar tu aplicación React para los motores de búsqueda y mejorar su rendimiento.

SEO en React

Las aplicaciones de React son aplicaciones de una sola página (SPA), lo que significa que toda la aplicación se carga en una única página o documento HTML y luego se actualiza dinámicamente a medida que los usuarios interactúan con ella. Aunque esto puede proporcionar una experiencia de usuario fluida, puede presentar desafíos para el SEO, ya que los motores de búsqueda pueden tener dificultades para indexar el contenido dinámico.

Aquí hay algunas estrategias que puedes usar para mejorar el SEO de tu aplicación React:

Uso de la etiqueta de título y descripción

El título y la descripción de tu página son dos de los factores más importantes para el SEO. Puedes establecer el título y la descripción de tu página en React utilizando el componente `Helmet` de la biblioteca `react-helmet`.

```
1   import { Helmet } from "react-helmet";
2
3   function MyComponent() {
4     return (
5       <div>
6         <Helmet>
7           <title>Mi Aplicación React</title>
8           <meta name="description" content="Esta es mi aplicación R\
9   eact." />
10        </Helmet>
11        {/* El resto de tu componente */}
12      </div>
13    );
14  }
```

Renderizado en el servidor

El renderizado en el servidor (SSR, por sus siglas en inglés) es otra técnica que puedes usar para mejorar el SEO de tu aplicación React. Con SSR, tu aplicación se renderiza en el servidor antes de ser enviada al navegador, lo que significa que los motores de búsqueda pueden ver e indexar todo tu contenido, incluso si es dinámico.

React tiene soporte incorporado para SSR, pero implementarlo puede ser un poco complicado y se escapa del ámbito de este libro. Hoy en día, soluciones como Next facilitan mucho poder tener una aplicación SSR y mucho más.

Rendimiento en React

React es conocido por su alto rendimiento, pero hay varias técnicas que puedes usar para hacer que tu aplicación React sea aún más rápida.

Uso de React.memo

Como vimos en capítulos anteriores, React.memo es una función de orden superior que puedes usar para evitar el renderizado innecesario de tus componentes. Si tienes un componente que recibe *props* pero que se renderiza de la misma manera independientemente de esas *props*, puedes envolver ese componente en React.memo para evitar que se vuelva a renderizar innecesariamente.

Uso de React.lazy y Suspense

También lo vimos en anteriores capítulos, React.lazy y Suspense son dos características de React que te permiten cargar tus componentes de manera "perezosa" (*lazy loading*), lo que significa que los componentes no se cargarán hasta que sean necesarios. Esto puede mejorar significativamente el tiempo de carga de tu aplicación.

Estas son solo algunas de las técnicas que puedes usar para mejorar el SEO y el rendimiento de tu aplicación React.

———

Hemos llegado al final de nuestro camino explorando el despliegue y el entorno de producción en React.js. Hemos aprendido cómo preparar nuestra aplicación para la producción, cómo desplegarla en varias plataformas populares y cómo optimizarla para el SEO y el rendimiento.

Espero que este capítulo te haya proporcionado una sólida comprensión de cómo llevar tu aplicación React desde tu entorno de desarrollo local hasta un entorno de producción listo para ser consumido por los usuarios finales. Recuerda, el despliegue es solo el comienzo. Una vez que tu aplicación esté en producción, deberás monitorizarla, mantenerla y actualizarla regularmente para asegurarte de que sigue siendo segura, eficiente y relevante para tus usuarios.

Aunque hemos cubierto mucho en este capítulo, todavía hay mucho más que aprender sobre React y el desarrollo web en general. Te animo a que sigas explorando, experimentando y aprendiendo. Y recuerda, la mejor manera de aprender es haciendo, así que no tengas miedo de "ensuciarte las manos" y construir cosas.

Referencias

- Bank, J., Porcello, T., & Lerner, E. (2017). *Learning React: Functional Web Development with React and Redux*. O'Reilly Media.
- Rauschmayer, A. (2018). *JavaScript for impatient programmers*. Independently published.
- Facebook Inc. (2023). *React - A JavaScript library for building user interfaces*. https://react.dev/
- Netlify. (2023). *Deploy React Apps in less than 30 Seconds*. Netlify. https://www.netlify.com/blog/2016/07/22/deploy-react-apps-in-less-than-30-seconds/
- Vercel Inc. (2023). *Deploy | Documentation*. https://vercel.com/docs
- Firebase. (2023). *Firebase Hosting*. Firebase. https://firebase.google.com/products/hosting
- Moz. (2023). *The Beginner's Guide to SEO*. Moz. https://moz.com/beginners-guide-to-seo

Epílogo

Hemos recorrido un largo camino desde el primer capítulo de este libro, en el que comenzamos nuestro viaje explorando la historia y los fundamentos de React.js. A lo largo de este trayecto, hemos profundizado en conceptos esenciales como JSX, el estado, las *props* de los componentes, el manejo de eventos y los complejos ciclos de vida de los componentes de React.

Experimentamos la flexibilidad y potencia de la gestión del estado global con la *Context API* y Redux, y aprendimos a navegar en nuestras aplicaciones con React Router. Además, abordamos técnicas para estilizar nuestras aplicaciones y adaptarlas a diferentes tamaños de ventana.

En los capítulos finales, nos adentramos en el consumo de APIs y la comunicación con el servidor, aprendiendo cómo optimizar nuestras aplicaciones para obtener el máximo rendimiento y cómo garantizar la calidad de nuestro código mediante pruebas y herramientas de mantenimiento.

Finalmente, exploramos cómo preparar nuestras aplicaciones para su despliegue y discutimos estrategias para mejorar el SEO y el rendimiento en producción.

Aunque hemos abordado una amplia variedad de temas, el viaje con React.js no termina aquí. Existen muchos otros aspectos de React y su ecosistema que puedes descubrir. Por ejemplo, puedes aventurarte en el desarrollo de aplicaciones móviles con React Native o profundizar en técnicas de desarrollo con *Server-Side Rendering* (SSR) usando Next.js. También puedes explorar bibliotecas y herramientas como React Query, Redux Toolkit y otros elementos del ecosistema de React.

Recuerda que la práctica constante es esencial para perfeccionar tus habilidades en cualquier tecnología. Desafíate a ti mismo creando proyectos que solucionen problemas reales, colabora en proyectos de código abierto y mantente informado sobre las últimas tendencias y novedades en React y la comunidad de desarrollo web.

Estoy convencido de que estás preparado para enfrentar los desafíos del desarrollo front-end en el mundo actual. Espero que este libro te haya servido como guía e inspiración para seguir explorando y aprendiendo.

Si es así, me encantaría conocer tu opinión. Puedes compartir tus impresiones sobre este libro en Twitter(X) o en cualquier red social de tu preferencia. Me puedes encontrar en todas ellas como @carlosazaustre[46].

¡Hasta la próxima!

---

[46]https://twitter.com/carlosazaustre